Anonymus

Briefe eines Unbekannten über die Rechtswissenschaft

Eine Gabe zur ersten Geburtstagsfeier des neuen deutschen bürgerlichen Rechts

Anonymus

Briefe eines Unbekannten über die Rechtswissenschaft

Eine Gabe zur ersten Geburtstagsfeier des neuen deutschen bürgerlichen Rechts

---

ISBN/EAN: 9783845744223

Erscheinungsjahr: 2012

Erscheinungsort: Bremen, Deutschland

www.unikum-verlag.de | office@unikum-verlag.de

Anonymus

Briefe eines Unbekannten über die Rechtswissenschaft

Eine Gabe zur ersten Geburtstagsfeier des neuen deutschen bürgerlichen Rechts

Briefe eines Unbekannten

über die

Rechtswissenschaft.

Eine Gabe

zur

ersten Geburtstagsfeier

des neuen

deutschen bürgerlichen Rechts.

Leipzig

Druck und Verlag von Breitkopf und Härtel

1901.

Vorwort.

Inmitten aller der Pracht und Herrlichkeit des Rechtswesens sprießt mancherlei Irrsal auf, gegen welches ich kein besseres Rezept wüßte, als das alte »ridendo dicere verum«.

Von diesem Mittel machen die Juristen zwar in vertraulicher kollegialischer Zwiesprach recht gern und reichlich genug Gebrauch. Aber nur sehr wenige verstehen sich dazu, mit solch heiterer Miene auch in die Öffentlichkeit hinauszutreten. Etwa aus Rücksicht auf das Ansehn und die Würde des Juristenstandes? Sind wir denn aber verpflichtet, uns auch außeramtlich beständig eines trübselig-feierlichen Benehmens, einer pompös-langweiligen Aufführungs- und Schreibweise zu befleißigen? Ich dächte: nach den vielen Trauerspielen, die wir in unserm Berufsleben vorgeführt bekommen und zum Ende führen müssen, wäre es uns von niemandem zu verübeln, wenn wir uns an unsern fachmäßigen Erfahrungen und Beobachtungen auch gelegentlich ein wenig zu erheitern suchen, sei es auch auf unsere eigene Unkosten. Oder sollten die Herren

Juristen vielleicht schon genug an der Kurzweil haben, die oft von Andern mit den kleinen Schwächen der Juristenzunft getrieben wird?

Wie dem auch sein möge: ich bin des trockenen Juristentones satt und will es einmal wagen, meiner Laune freien Lauf zu lassen. Den Anlaß hierzu hat mir die Frage gegeben, wie wir jetzt, nach der Einführung des neuen bürgerlichen Rechts, von der Rechtswissenschaft zu denken haben. Ich entschloß mich, hierüber einige nicht in die übliche schwere Gelehrtenrüstung sondern in ein leichteres, loses Gewand gekleidete Betrachtungen niederzuschreiben, um sie einem befreundeten Fachgenossen, ihm und mir zur ergötzlichen und belehrenden Unterhaltung, nach und nach brieflich mitzuteilen.

Diese Brieflein übergebe ich, nachdem ich sie zu diesem Zwecke ein wenig umgeformt habe, hiermit der Öffentlichkeit. Nur meine Person selbst halte ich vorerst verborgen. Nicht sowohl um meiner Sicherheit und Seelenruhe willen, als deshalb, weil es für die Beurteilung dieses opusculum, möge es nun beifällig oder voll Entrüstung aufgenommen werden, bloß auf dessen Inhalt, nicht auf den Namen des Autors ankommt; ist doch eine namenlose Publikation am sichersten, unbefangen beurteilt zu werden. Überdies kann ich mich ja auch auf das Beispiel eines unserer berühmtesten Rechtsgelehrten berufen, der, als er zu einem nicht ganz unähnlichen Unternehmen, der Veröffentlichung jener allbekannten „Vertraulichen Briefe eines Unbekannten über die heutige Jurisprudenz“ schritt, es ebenfalls vorzog, sich zunächst versteckt zu halten, und sich erst nach einer langen Reihe von Jahren als der vielerfragte Unbekannte zu erkennen gegeben hat.

Der vertrauliche Ton, in welchem meine brieflichen Aufzeichnungen ursprünglich gehalten waren, ist ihnen vollständig gewahrt geblieben. Er ist aber verschieden abgestuft. Im vorletzten Briefe, in dem ich auf die Besprechung einer der gewichtigsten Grundfragen der Rechtswissenschaft komme, beginnt die anfängliche lustige Stimmung in eine ernstere umzuschlagen; im letzten Briefe herrscht diese ganz vor. Trotz dieser Verschiedenheit wird es aber wohl erkennbar bleiben, daß sämtliche Briefe ein und dasselbe Ziel verfolgen, die Bekämpfung weitverbreiteter extravaganter Vorstellungen und Bestrebungen, durch welche das Gedeihen unserer Rechtswissenschaft und damit auch unseres Rechts selbst ernstlich gefährdet wird.

Der Verfasser.

Inhaltsübersicht.

Erster Brief.[1]

Lob und Dank dem bürgerlichen Gesetzbuch!

Mit Vergnügen ergreife ich die Feder, um einigen Empfindungen und Gedanken Ausdruck zu geben, die sich mir gegenwärtig besonders lebhaft aufdrängen. Ich möchte nämlich dem Jubel darüber, daß wir nun endlich das gemeine, insbesondere das römische Recht und damit all den Wust der alten Rechtsgelehrsamkeit losgeworden sind, Worte zu leihen versuchen. Gern hätte ich das schon etwas früher, schon zur Begrüßung des neuen bürgerlichen Rechts bei seinem ersten Schritt ins Leben gethan. Damals war aber meine ganze von Berufsgeschäften freie Zeit durch das Auswendiglernen des BGB. und durch die fast ebenso anstrengenden Bemühungen, meine früheren, mir jetzt bloß noch hinderlichen Rechtskenntnisse zu vergessen, übervoll in Anspruch genommen gewesen.

Welche Wohlthat wir mit der Jahrhundertwende erhalten haben, werden die späteren Juristengenerationen

---

[1] Dieser Brief ist vor kurzem bereits in der Zeitschrift „Das Recht", 4. Jahrgang (1900), Nr. 16/17, größtenteils gleichlautend, veröffentlicht worden.

gar nicht mehr recht zu schätzen verstehen. Die ganze Größe dieser Wohlthat wissen nur wir Alten zu würdigen, die wir uns noch das frühere, aus allerlei modrigen und brüchigen, von längst vergangenen Zeiten und längst verschollenen Völkern herstammenden Stücken und Fetzen zusammengeflickte „gemeine“ Recht (nomen: omen!) unserm Gedächtnis haben aufs genaueste einprägen müssen.

Schon hatte zuguterletzt nicht viel daran gefehlt, daß man, um ein richtig ausgebildeter Jurist werden zu können, gar noch genötigt gewesen wäre, auf die ägyptischen Mumien zurückzugreifen und sich in das Studium der in den »papyri« vergrabenen, seit kurzem aber wieder flott fließenden Rechtsquelle zu vertiefen. Damit bin ich zwar, als ich mich Studierens halber auf Universitäten aufhielt, noch gnädig verschont geblieben. Aber wer schildert die Leiden, die ich ausgestanden habe, als ich mich mit den rätselhaften Bruchstücken der Zwölftafelgesetze, mit dem jus Quiritium, insbesondere dem »nudum« jus Quiritium (solche Worte gebrauchte man damals ganz öffentlich, ohne sich zu schämen und ohne vor Gericht gezogen zu werden!) mit den wunderbaren Geheimnissen des »ipso jure compensari« und der Zweieinigkeit der Korrealobligation, dem SC. Pegasianum und SC. Trebellianum, mit den unentwirrbaren Feinheiten des Noterbenrechts, den — ach! — so wenig unterhaltenden Novellen Justinians und unzähligen anderen unnützen, vollends jetzt ganz vergeblich in meinem Gedächtnis aufgespeicherten Antiquitäten abplagen mußte![1]

Ich habe mir damals von meinem Vater auch wirklich ein corpus juris civilis anschaffen lassen und mir, jedoch unter gewissenhaftester Befolgung des Glossatorengrundsatzes »Graeca non leguntur«, eine ganze Anzahl Stellen aus diesem kolossal dicken Buche, in dem ja mehr als zwanzig, wenn nicht dreißig Bürgerliche Gesetzbücher bequem Platz finden könnten, zu übersetzen und zu verstehen große Mühe gegeben. Leider aber mit recht zweifelhaftem Erfolge! Denn als mir in entscheidender Stunde eine von der Korrealobligation handelnde Digestenstelle zur Interpretation vorgelegt wurde, übersetzte ich »duo rei« mit „zwei Sachen", und es wollte mir durchaus nicht gelingen, von diesem philologischen Ausgangspunkt aus in den vollen Sinn der Stelle einzudringen. Ich entwickelte jedoch, nachdem der Herr Examinator das streng genommen doch nicht spezifisch juristische Versehen gütigst korrigiert hatte,

[1] Bei dem starken Widerwillen, den ich gegen das römische Erbrecht hegte, war es mir wenigstens ein Trost, daß ich dasselbe nicht aus den Quellen zu studieren brauchte. Denn daß das Erbrecht auch ohne corpus juris verstanden werden kann, ist in diesem Gesetzbuch selbst ausdrücklich gesagt: »Hereditas etiam sine ullo corpore juris intellectum habet« (L. 50 pr. Dig. de her. pet. 5, 3).

eine sehr geschmeidige Beredsamkeit und holte in der Not aus dunkler Erinnerung die sehr beifällig aufgenommene Bemerkung hervor, daß ein gewisser Ribbentrop einst ein sehr berühmtes Buch über die Korrealobligationen, sein erstes und einziges Werk, geschrieben haben solle, womit deutlich erwiesen war, daß ich mich des Besuches der Pandektenvorlesungen nicht gänzlich enthalten haben konnte. Nur dadurch bin ich vor dem traurigen Schicksal, dem so verlockenden, wenn auch weniger nahrungs- als ehrenreichen Justizdienst fern bleiben zu müssen, bewahrt geblieben.

Wenn wir uns aber in den ersten Semestern glücklich die erforderlichen Kenntnisse im römischen Recht angeeignet hatten, was stand uns noch alles bevor!

Ich will nicht weiter von den Änderungen sprechen, die das römische Privatrecht durch das kanonische erfahren hat. Denn diese haben, da die römische Kirche, auch was das Recht anlangt, möglichst die Erbschaft des alten caput mundi zu ergreifen und zu behaupten bestrebt gewesen ist, nicht viel zu bedeuten. Auch wurden an unsere Kenntnis des corpus juris canonici (ich habe, als ich studierte, nie ein solches gesehen!) keine unbilligen Anforderungen gestellt. Aber dann kamen die Herren Germanisten und rüttelten nicht bloß überhaupt sehr stark an unserer wohlgepflegten Ehrfurcht vor dem römischen Privatrecht, sondern belehrten uns auch, daß es mit der Geltung desselben höchst bedenklich, außerordentlich lückenhaft bestellt sei. Es wurden uns allerlei Überbleibsel unseres ursprünglichen, nationalen Rechts, die von der Flut des römischen Rechts nicht weggespült seien, unter lebhaftem Rühmen ihrer Vortrefflichkeit aufgetischt. Und ich muß gestehen: das, was ich von diesem urfrisch dem Volksgemüt entsprossenen, in die anmutigste Mannigfaltigkeit besonderer Dorf-, Stadt- und Stammesrechte auseinanderfließenden Rechte unserer lieben Altvorderen gehört habe, hat mir bei weitem besser gefallen und meine Verstandeskräfte viel weniger angestrengt, als das starre, scharf ausgeprägte, uniforme Recht des nüchternen, übermäßig klugen Römervolkes. Wie ist es nur möglich gewesen, daß unsere Vorfahren sich ihr eigenes, so gemütliches und behagliches Recht so geduldig von den Doctores juris haben zum größten Teile wegeskamotieren lassen? Daran ist sicherlich bloß unsere unselige Liebhaberei für das Ausländische, für das, was „weit her" ist, namentlich für das »ultra montes« Kommende, schuld! Für noch unverantwortlicher halte ich es übrigens, daß man bei der Ausarbeitung des BGB. die einzig günstige Gelegenheit versäumt hat, wieder ganz zu dem trauten alten deutschen Recht zurückzukehren.

Was war nun schließlich mit dem Einlernen jener bunten, durch das geheimnisvolle Walten des Gewohnheitsrechts zum Ganzen des „gemeinen deutschen Rechts" zusammengeschmolzenen römisch-kanonisch-germanischen Rechtsmasse gewonnen? Konnten wir uns wenigstens darauf verlassen, daß wir dieses Recht in der Praxis wirklich anzuwenden haben würden?

Weit gefehlt! Schon beim Eintritt in das Studium des gemeinen Rechts wurde uns sofort versichert, daß dieses Recht in dem bei weitem größten Teile Deutschlands überhaupt garnicht gelte[1], es sei hier gänzlich abgeschafft, durch partikuläre Gesetzbücher vollständig ersetzt, und auch in den übrigen Gebieten Deutschlands gelte es bloß „subsidiär", seine Geltung sei hier durch zahllose vereinzelte partikuläre Gewohnheitsrechte und Gesetze stark eingeschränkt. Die Beschaffenheit dieses wirklich und unzweifelhaft geltenden partikulären Rechts

[1] Das Rätsel, wie ein im größten Teile Deutschlands nicht geltendes Recht dennoch „gemeines deutsches Recht", also ein in Deutschland allgemein geltendes, ein gemeinsames Recht Deutschlands sein könne, hat mir seinerzeit viel Kopfzerbrechens verursacht. Anfänglich war ich namentlich ganz trostlos darüber, daß ich schlechterdings nicht einzusehen vermochte, wie es möglich sei, daß dieses Recht zwar nicht für „ganz Deutschland", aber doch für Deutschland „als Ganzes" gelten solle (Windscheid, Pandektenrecht, 7. Aufl. § 1 A. 1); das kam mir um so schwerer begreiflich vor, weil zu der Zeit, da ich studierte, Deutschland nichts weniger als ein „Ganzes", am allerwenigsten ein Rechtsganzes war. Erst am Ende meiner Pandektenrechtsstudien beruhigte ich mich hierüber. Seit ich die in dieser Rechtsdisciplin mit besonderer Energie betriebene specifisch juristische Denkgymnastik vollständig durchgemacht

blieb aber den meisten von uns in ein tiefes Dunkel gehüllt. Die Herren Gelehrten, denen wir unsere Unterweisung in der Rechtskunde zu verdanken hatten, nahmen für uns und größtenteils auch für sich selbst mit einer sehr bescheidenen Kenntnis dieses Rechts vorlieb; sie stiegen nicht gern aus dem Äther der reinen Theorie, von der Höhe des schon wegen seiner vorwiegend altklassischen Herkunft und schwierigeren Verständlichkeit viel mehr geschätzten gemeinen Rechts in die Niederungen des partikulären, des bloßen praktischen Rechts hinab.

Man wird es hiernach begreifen, daß mir noch jetzt jedes Mal angst und bange wird, wenn ich daran zurückdenke, welche wirre, unverstandene und unbrauchbare Rechtsgelehrsamkeit gegen Ende der Studienzeit in meinem Kopfe hauste. Ich fühle mich dabei immer an die Schilderung erinnert, welche der in Fausts Studierstube vorsprechende Schüler, nachdem er über die Geheimnisse der Logik belehrt worden ist, von seiner Geistesverfassung entwirft.

---

und mich in noch viel schwierigeren und feineren Distinktionen tüchtig geübt hatte, nahm ich auch an jener Unterscheidung keinen Anstoß mehr: ich hatte genugsam gelernt, daß vieles in der Jurisprudenz mit dem bloßen gesunden Menschenverstande nicht zu begreifen ist. — Daß ich hier und auch in der Folge vornehmlich Windscheid's Pandekten citiere, hat seinen Grund nicht bloß in der hervorragenden Bedeutung dieses Lehrbuchs überhaupt, sondern besonders darin, daß es mir wie den allermeisten meiner Zeitgenossen als hauptsächlichste und sehr ersprießliche Anleitung zu gründlicheren Pandektenstudien gedient hat.

Ich vermag also von reicher eigener Erfahrung her zu ermessen und zu preisen, wie gut die erst von jetzt ab in das Rechtsstudium hineinwachsenden Juristen daran sind.

Die Glücklichen brauchen sich nicht mehr mit allem jenem Ballast der „civilistischen Jurisprudenz“ zu belasten, mit dem beschwert wir auf vielgewundenen Wegen hatten hin und her irren müssen. Jetzt kann jeder studiosus juris seinem Ziele, einer möglichst schnellen und hohen Staatsanstellung, mit dem leichtesten Gepäck und auf grader glatter Bahn von Anfang an sicher zusteuern. Die Mühe, das dünne, bequem in der Rock-, zur Not sogar in der Westentasche unterzubringende Büchlein des BGB. auswendig zu lernen, will ja für einen jungen Mann — auch darin haben wir Alten es viel schlechter! — nicht viel besagen. Habe ich doch als Primaner die ganze ars poetica in kaum zwei Wochen, und ohne täglich mehr als zwei Stunden darauf zu verwenden, fix und fertig memoriert. Etwaigen schwächeren Gedächtnissen wird ja mancherlei Nachhilfe freundlichst dargeboten. So las ich erst neulich ein schon durch die bewunderswerte Kürze des Titels die frohesten Hoffnungen erweckendes Werklein: „Das ABC des BGB.“ angezeigt. Und sollte jemand (freilich eine für einen Juristen höchst bedenkliche Anlage!) einen ganz besonderen Hang zur Poesie haben und sich deshalb mit der immerhin etwas dürren Sprache des BGB.

schwerer befreunden können, so ist ihm die Aneignung dieses Rechtsstoffes bereits durch das aus Gottfried Kellers Vaterland stammende niedliche Buch: „Das neue deutsche bürgerliche Recht in Sprüchen“ zum reinen Vergnügen gemacht.

Wer sich aber in jungen Jahren das BGB. hübsch fest eingeprägt hat, der ist für sein ganzes weiteres Juristenleben geborgen. Er weiß nun immerdar ganz genau und sicher, was Rechtens ist, unbehelligt durch alle die Bedenken und Zweifel, mit denen wir Alten von jung auf infiziert worden und für immer angekränkelt geblieben sind. Lob und Dank sei dem Gesetzgeber, der mit dem früheren Rechtsmischmasch und Rechtswirrwarr gründlich aufgeräumt, uns statt des alten, vom Moder und Rost der Jahrhunderte, der Jahrtausende verunstalteten und angefressenen Rechts ein blitzblank neues einbeschert und uns in aller Kürze, in bloß 2385 Paragräphlein, klipp und klar gesagt hat, was er vom 1. Januar 1900 ab in ganz Deutschland (nicht mehr bloß für Deutschland „als Ganzes“!) als Recht gelten lassen will. Er hat uns endlich die sichere Pforte aufgethan, durch welche wir in den Tempel der Gewißheit eingehen können. Nur ein so wunderbares Wesen, nur eine so mysteriöse, transscendente Persönlichkeit, wie der „Gesetzgeber“, nur ein mit einer so phänomenalen Kraft ausgestatteter „Wille“, wie der gesetzgeberische, hat ein solches Wunder zu verrichten vermocht[1].

Wie zu allen Wundern gehört aber auch zu diesem der Glaube. Und leider fehlt es an diesem noch bei vielen der älteren Juristen. Sie sind noch zu tief in der ihnen zur zweiten Natur gewordenen Gewöhnung, zu zweifeln und zu streiten, befangen, als daß sie sich dazu entschließen könnten, ruhig und getrost durch jene Pforte einzutreten. Manche bleiben nicht bloß eigensinnig vor ihr stehen, sondern haben sie sogar durch einen wahren Berg von Hindernissen, in Gestalt unzähliger Kommentare, Lehrbücher, Vergleichungen des neuen mit dem früheren bürgerlichen Recht, Abhandlungen, Aufsätzen, Betrachtungen, „Für und Wider", „Streifzügen durch das BGB." u. s. w., zu

---

[1] Über den „Willen des Gesetzgebers" siehe vornehmlich Windscheid, Pand. Bd. 1 § 22, vergl. unter anderen den vor kurzem erschienenen trefflichen Aufsatz von Mannhardt über „opportunistische Rechtsprechung" in den „Grenzboten" Bd. 59 (1900) S. 115, wo auch mehrere neuere auf „die Tragweite des gesetzgeberischen Willens" u. dergl. hinweisende Reichsgerichtsentscheidungen mitgeteilt sind. Der „Gesetzgeber" ist sehr lehrreich für die Theorie der juristischen Personen. Denn er kann doch, wenigstens bei uns, die wir nicht mehr in einer absoluten Monarchie leben, keine physische, sondern nur eine juristische Person sein. Hieran ist mir aber besonders klar geworden, daß die juristischen Personen wirklich „fingierte Personen" sind. Die Bekämpfung dieser althergebrachten, auch von einer Autorität, wie die Savigny's vertretenen Auffassung der juristischen Person ist eben auch nur wieder eine »vana discordia posteritatis« (s. weiter unten im Text).

verbarrikadieren begonnen und setzen dieses Unternehmen mit einer Eilfertigkeit fort, hinter welcher selbst der hurtigste Setzer und die beste Schnellpresse zurückbleiben muß.

Dabei ist es, nur etwa die paar auf S. 8 u. 9 erwähnten löblichen Hilfsmittel ausgenommen, auf nichts anderes abgesehen, als darauf, die alte Unsitte des Zweifelns und Streitens auch wieder in das neue Recht hineinzutragen und an den Worten des BGB. gerade so, wie man es sich mit dem corpus juris civilis mehr als ein halbes Jahrtausend hindurch erlaubt hat, so viel wie möglich herumzudeuteln und herumzumäkeln. Nicht bloß, daß eine große Zahl ebenderselben Kontroversen, an denen schon die alte civilistische Jurisprudenz zum Überdruß oft und — wie eben daraus, daß sie noch immer Streitfragen geblieben sind, hervorgeht — ganz vergeblich ihren Scharfsinn geübt hatte, auch jetzt noch fortwährend des langen und breiten verhandelt werden. Man hat auch nichts Besseres und Eiligeres thun zu können geglaubt, als noch eine Menge neuer, aus dem frischen Boden des BGB. herausgelockter Streitfragen hinzuzufügen. So ist die neue Civilrechtswissenschaft schon jetzt die Wahlstatt eines fast noch ärger tobenden Kampfes geworden, als es die gemeinrechtliche je gewesen war.

Es ist hohe Zeit, diesem Unwesen entgegenzutreten. Sehen denn jene Zweifler und Krittler nicht ein, daß sie gradezu gesetzwidrig handeln? Es ist doch unbestritten und unbestreitbar, daß es bei der Ausarbeitung und Einführung des BGB. beabsichtigt war, der früheren Rechtsungewißheit ein Ende zu machen: der Gesetzgeber wollte in unzweifelhafter, unzweideutiger Weise vorschreiben, was von nun ab Recht sein solle. Die Juristen, welche sich trotzdem unterfangen, den Sinn dieser Vorschriften anzuzweifeln, lehnen sich also offenbar gegen den Willen des Gesetzgebers auf, dem sie doch wahrlich vor allen Unterthanen unverbrüchlichen Gehorsam schuldig sind. Statt ihn zu befolgen, sind sie nur bemüht, ihn zu schanden zu machen.

Leider ist es unterlassen worden, solche Attentate gegen den gesetzgeberischen Willen nach dem leuchtenden Beispiel des Kaisers Justinian ausdrücklich zu verbieten und zu verpönen, der ein- und vorsichtig genug gewesen war, sich in dem Einführungsgesetz zu den Digesten nicht bloß aufs heftigste gegen alle über eine wörtliche Umschreibung oder bloße Auszüge hinausgehende »interpretationes, imo magis perversiones« des Gesetzestextes zu verwahren, sondern damit nicht »posteritatis admittatur vana discordia« (man sieht: ganz unser Fall!), dergleichen Übelthätern auch anzudrohen: »Si quid tale ausi fuerint, ipsi quidem falsitatis rei constituantur, volumina autem eorum omnimodo corrumpentur!«. Was wäre das für eine

Wohlthat, wenn wenigstens die letzte Bestimmung bei uns gälte! Wie erfreulich wäre schon die Ersparnis an Bücheranschaffungskosten, um so erfreulicher, weil die Juristen nicht sämtlich so glücklich sind wie die Mitglieder und Anwälte unseres höchsten Gerichtshofes, die, dank der so splendid ausgestatteten Reichsgerichtsbibliothek, sich überhaupt keine juristischen Bücher zu kaufen brauchen und, wie ich gehört habe, von dieser Erlaubnis meistenteils auch einen recht ausgedehnten Gebrauch machen.

Man bedenke doch auch, wie beleidigend diese Anzweifelei des Gesetzessinnes gegenüber dem Gesetzgeber ist. Denn wenn man den Sinn einer Gesetzesbestimmung anzweifelt, erklärt man dieselbe für undeutlich abgefaßt; hierin liegt aber, daß man dem Gesetzgeber nicht einmal die Fähigkeit zutraut, das, was er meint und will, deutlich sagen zu können, wozu doch jeder gebildete Mensch im stande ist. Wer dem Gesetzgeber diese Fähigkeit abspricht, erweist ihm eine sehr starke Mißachtung, er wirft ihm etwas vor, was ihn „in der öffentlichen Meinung herabzuwürdigen bestimmt ist". Dabei kommt noch als erschwerend in Betracht, daß dieser Vorwurf für den Gesetzgeber um so beschämender ist, weil derselbe gerade auf die Abfassung des BGB. die allergrößte Sorgfalt verwendet hat. Hat er doch, während z. B. das große corpus juris civilis, abgesehen von den

Novellennachträgen, in kaum 6 Jahren fertig gestellt worden ist, an dem kleinen Bändchen des BGB. länger als 22 Jahre unablässig aufs angestrengteste gearbeitet und in dasselbe kein Wörtchen aufgenommen, welches nicht wiederholt auf die Goldwage gelegt worden wäre!

Nun will ich freilich nicht gerade behaupten, daß die Sprache des BGB. stets ganz leicht verständlich sei. Ich gebe namentlich zu, daß der Gesetzgeber infolge der von ihm erfreulicherweise erstrebten und in erstaunlich hohem Grade erreichten Breviloquenz vieles in das Gesetzbuch hineingeheimnißt hat. Aber er hat es ja an vollständiger Aufklärung über den Sinn seiner Worte wahrlich nicht fehlen lassen. Sind doch dem BGB. fünf starke Bände „Motive" voran-, fünf starke Bände „Protokolle" nachgeschickt worden, in denen er sich ausführlichst darüber ausgesprochen hat, was er jeweils eigentlich gemeint und gewollt habe. Mehr ist doch nicht zu verlangen!

Wer sich bei dieser zehnbändigen Selbstinterpretation nicht beruhigt, wer sogar noch an dieser herumzweifelt, leistet das Äußerste an Nicht- und Mißachtung des gesetzgeberischen Willens. Daß trotzdem noch immer einzelne „Forscher" sich anmaßen, das, was der Gesetzgeber gewollt hat, besser zu wissen, als dieser es selbst gewußt und ausdrücklich gesagt hat, rührt eben nur von der Zweifel- und Streitsucht her, welche den Juristen von der gemeinrechtlichen Jurisprudenz anerzogen worden und bei dem früheren Rechtszustande vielleicht entschuldbar gewesen ist. Durch das BGB. ist aber solcher »vana discordia posteritatis« aller Grund und aller Raum entzogen worden.[1] Jetzt ist für den Juristenstand ein glücklicheres Zeitalter angebrochen.

Frei von den vielen Sorgen, Skrupeln und Zweifeln, die uns früher das Leben verbitterten, und so schnell fertig, daß uns endlich volle Zeit zu mannigfaltigster Erholung übrig bleibt, können wir jetzt unseres Amtes walten, bloß damit beschäftigt, genau dasselbe, was uns der Gesetzgeber bereits vorgedacht hat, nachzudenken, genau dasselbe, was

[1] Höchstens in einer Beziehung kann ich mich zu einer Konzession verstehen, nämlich hinsichtlich der Frage, inwieweit auch jetzt noch das frühere bürgerliche Recht anwendbar geblieben ist. Da man nicht den Mut gehabt hat, kräftig durchzugreifen und den Richtern anzubefehlen, daß sie das Recht des BGB. vom 1. Januar 1900 an auch auf die aus früherer Zeit stammenden Rechtsangelegenheiten anwenden sollen, so ist über die Grenze zwischen den Anwendungsgebieten des alten und des neuen Rechts alsbald der lebhafteste Streit ausgebrochen. Das war unvermeidlich! Hat man das alte Recht nun einmal noch in so weitem Umfange am Leben gelassen, so ist auch nicht zu verwundern, daß mit ihm auch noch die alte Rechtsunsicherheit fortlebt und sich gerade da, wo jenes Recht mit dem neuen Recht in Konflikt kommt, aufs unangenehmste bemerklich macht. Ich finde es daher ganz begreiflich und verzeihlich, daß man sich bezüglich der Übergangsfragen nicht mit dem, was im BGB., im Einführungsgesetz, in den Ausführungsgesetzen, in den „Materialien" steht, begnügt, sondern sich gerade auf die Erörterung dieses zweifelreichen Themas wie ein Habicht gestürzt hat.

er bereits gesagt hat, wiederholt zu sagen und nur noch mit dem Stempel „B. R. W." zu versehen. Und es wird nicht ausbleiben, daß sich infolgedessen auch unser Charakter aufs erfreulichste verbessert. Wir werden unsere alte Standesuntugend, die streitsüchtige Gesinnung, ablegen und sämtlich eine friedliche, freundliche, fröhliche Gemütsart annehmen.

Ich habe mir daher schließlich zur ersten Geburtstagsfeier des neuen bürgerlichen Rechts folgendes juristische Bundeslied zu dichten erlaubt:

Erlöst sind wir von schwerem Weh
Durch unser liebes BGB,
Zu Ende ist der Zank und Streit,
Wir leben froh in Einigkeit.

Hoch lebe das Gesetzeswort,
All unser Heil und sichrer Hort!
Das Denken macht uns nicht mehr Pein!
Ha! Welche Lust, Jurist zu sein!

Zweiter Brief.

Über die juristischen Professoren.

Als ich neulich die Segnungen rühmte, welche wir dem BGB. zu verdanken haben, konnte ich nicht verschweigen, daß sie durch die mancherlei Bemühungen, wieder lauter Zweifel und Streit in das neue Recht hineinzutragen, ernstlich gefährdet sind. Ich möchte nun eine ganz unverfängliche prophylaktische Maßregel in Anregung bringen, die bestens dazu helfen könnte, jenem Übelstande Einhalt zu thun. Sie hätte sich gegen eine besondere Art von Juristen zu richten, deren außerordentliche Gefährlichkeit durch folgenden Rückblick auf einige uns nicht fern liegende Vorgänge und Erfahrungen ersichtlich werden wird.

Es war keine der geringsten unter den Thaten Friedrich des Großen, daß er, zuerst von allen deutschen Fürsten, es unternahm, die Herrschaft des verworrenen gemeinen Rechts vollständig abzuschütteln. Kaum hatte er seine beiden ersten Kriege siegreich zu Ende geführt, so nahm er den Kampf gegen jenes Recht auf, dessen

„Dunkelheit und Zweydeutigkeit zu weitläufigen Disputen der Rechtsgelehrten" Anlaß gebe, und das er in hellem Zorne geradezu für eine „Mißgeburt" erklärte. Er begnügte sich aber nicht damit, die Ausarbeitung eines Gesetzbuches anzuordnen, beständig zu überwachen und eifrig zu betreiben, welches, frei von „allen Subtilitäten und Fiktiones", den Mängeln des Rechtszustandes vollständig abhelfen sollte. Er traf auch alsbald Vorkehr, um zu verhüten, daß das neue Gesetzesrecht etwa doch wiederum durch die Juristen in „Konfusion" gebracht werde. Hierbei bewährte er den Scharfblick seines Feldherrnauges aufs glänzendste.

Er suchte die juristischen Professoren unschädlich zu machen. Schon von den Gesetzgebungsarbeiten hielt er sie fern, weil sie „immer zu weitläuftig" seien. Bei der Publikation des ersten Gesetzbuchsentwurfs, des „Projekt des corporis juris Fridericiani" vom Jahre 1749, wurde aber, „damit die Privati, insbesondere die Professores keine Gelegenheit haben mögen, das Landrecht durch eigenmächtige Interpretationen zu korrumpieren", ihnen bei strenger Strafe verboten, „einen Commentarium über das ganze Landrecht oder einen Teil desselben zu schreiben oder der Jugend Limitationes, Ampliationes oder Exceptiones contra verba legis an die Hand zu geben oder dergleichen ex ratione legis zu formieren;

daher die Professores bloß der Jugend das Systema bekannt machen und derselben die Principia generalia deutlich vortragen sollen und müssen"[1].

Bei der Einführung des neuen Landrechts, dessen Ausarbeitung sich trotz Friedrichs unablässigem Drängen so lange hinzog, daß es erst nach dem Tode des großen Königs zum Abschluß gelangte, wurde jedoch von jenem Verbote Abstand genommen. Auch geschah sonst nichts, um die Professoren in die gehörigen Schranken zu weisen. Das sollte sich bitter rächen. Binnen kurzem wurden sie gefährlicher als je zuvor!

Früher hatten die Professoren der Jurisprudenz sich wenigstens redlich Mühe gegeben, der Praxis möglichst an die Hand zu gehen. Sie quälten sich und die Jugend nicht viel mit den Schwierigkeiten des römischen Rechts, sondern suchten über dieselben so glatt wie möglich ausgleichend und vermittelnd hinwegzuhelfen, zufrieden mit der Herstellung einer für die Praxis bequem brauchbaren Konkordanz der verschiedenen in Theorie und Praxis vertretenen Auffassungen des geltenden Rechts, eines s. g. usus modernus pandectarum. Darauf waren sie schon

---

[1] Ähnlich war übrigens schon achtzehn Jahrhunderte früher über die Rechtsgelehrten geurteilt worden: Cicero pro Murena cap. 12 »Quum permulta praeclare legibus essent constituta, ea jureconsultorum ingeniis pleraque corrupta ac depravata sunt«.

durch ihre weit ausgedehnte spruchrichterliche Thätigkeit hingewiesen. Sie wurden durch dieselbe so stark in Anspruch genommen, daß sie überhaupt nicht recht Zeit zur Wahrnehmung ihres akademischen Berufs erübrigten. Viele behalfen sich, wie es z. B. auch von dem hochberühmten Benedikt Carpzow berichtet wird[1], damit, ihre Manuskripte den studiosi juris durch „einen hierzu konstituierten Lektor" vorlesen zu lassen, was sich ja mit dem Charakter der Universitätsvorträge als Vorlesungen, der ihnen anfänglich, vor der Erfindung der Buchdruckkunst, aufgeprägt war und seitdem treulich bewahrt geblieben ist, aufs beste verträgt und auch jetzt noch denjenigen Herren Professoren, die ihre „Hefte" den Zuhörern oder vielmehr Nachschreibern Jahr um Jahr Wort für Wort immer wieder in die Feder diktieren, als eine wohlangebrachte Zeitersparnis dringend zu empfehlen wäre.

Infolge dieses schwachen Wissenschafts- und Lehrbetriebes war damals die Gefahr, daß die Professores verwirrend auf die Jugend, „korrumpierend" auf Recht und Rechtsprechung einwirken könnten, doch noch keine sonderlich große. Das änderte sich aber in bedenklichster Weise seit dem Anfange des neunzehnten Jahrhunderts.

Es kam, unter der Führerschaft des Professors von

---

[1] Stintzing, Geschichte der D. Rechtswissenschaft, 2. Abt. (1884) S. 58.

Savigny, eine neue, recht anmaßliche Art von juristischer Universitätsgelehrsamkeit empor. Auf die frühere, bloß das geltende Recht behandelnde, der Praxis treulich dienstbare civilistische Jurisprudenz wurde jetzt stolz herabgeblickt. Man vertiefte sich in die Rechtsvergangenheit. Man verwandte die größte Mühe auf die Erforschung des „reinen" römischen, bald auch des alten germanischen Rechts. Hochmütig über die willkürlichen, künstlichen Schöpfungen der modernen Gesetzgebung absprechend, schwelgte man romantisch in dem mystischen Dunkel des unmittelbar aus dem Borne des Volkswillens oder Volksglaubens hervorquellenden Gewohnheitsrechts.

Und wie sonderbar! Diese vom geltenden Recht abgewandte, gesetzesverächterische Universitätsgelehrsamkeit hatte ihre Hochburg gerade in dem Mittelpunkt eben jenes Staates, in welchem das von ihr so stark kultivierte frühere Recht wegen seiner Unbrauchbarkeit erst unlängst vollständig abgeschafft und durch das „Allgemeine Landrecht" ersetzt worden war! Die Herren Professoren der Jurisprudenz ließen diesem Gesetzbuch die schnödeste Behandlung widerfahren. Es wurde, da unsere Zeit überhaupt keinen Beruf zur Gesetzgebung habe, für einen übereilten, verfehlten Versuch erklärt, plötzlich in den ruhigen, natürlichen Gang der Rechtsentwickelung gewaltsam einzugreifen. Der Universitätsunterricht schenkte ihm daher nur eine kümmerliche, stark nebensächliche Beachtung. Der Rechtsunterricht wurde eben in der Weise, wie ich in meinem ersten Briefe zu schildern gesucht habe, und mit dem Erfolge erteilt, daß die jungen Juristen, wenn sie in die Praxis traten, das, was sie dort brauchten, nicht wußten, und das, was sie wußten, nicht brauchen konnten.

Es wäre zu verwundern, wenn die von der Theorie so sehr vernachlässigte und mißachtete Praxis ihr nicht Gleiches mit Gleichem vergolten und von ihren Lehren nicht einen äußerst sparsamen Gebrauch gemacht hätte.

Das Rechtsstudium wurde von den preußischen Justizbeamten wie ein müßiges Vorspiel für ihre erst mit dem Gerichtsdienst selbst beginnende juristische Ausbildung angesehen, wie eine Fortsetzung des ja ebenfalls auf das Einlernen unbrauchbarer Antiquitäten abzielenden Gymnasialunterrichts, — nur mit dem allerdings nicht unerheblichen und nicht unerfreulichen Unterschiede, daß die Schüler dieses höheren, juristischen Gymnasialkursus eine bei weitem größere Lernfreiheit als die der niederen Klassen genossen. Sie konnten sich, hierin auch noch vor den Kommilitonen der andern Fakultäten besonders bevorzugt, zur Erholung von ihren früheren Geistesanstrengungen und zur Stärkung für die bevorstehende mühselige und trockene Staatsdienstarbeit eines höchst vergnüglichen, feuchtfröhlichen Lebenswandels unbehindert und unbesorgt erfreuen.

Hierbei kam denn auch die Leitung des königlich preußischen Justizwesens verständnisvoll zu Hilfe. Die Abhaltung der zum Eintritt in den Justizdienst erforderlichen Prüfung wurde bis vor wenigen Jahrzehnten nicht den Mitgliedern der Juristenfakultäten anvertraut, sondern ausschließlich Praktikern, gewöhnlich älteren Oberlandes- oder Appellationsgerichtsräten übertragen, die sich fast sämtlich der von ihnen abzufragenden Universitätsgelehrsamkeit, vor der ihnen selber graute, bloß noch recht schwach zu erinnern vermochten. Daher waren die Anforderungen an die Prüflinge damals keine schwer bedrückenden. Sie blieben auch von solchen erfüllbar, die sich erst im sechsten Universitätssemester von ihren sonstigen, anziehenderen Beschäftigungen ächzend der „Juristerei" zuwandten. Des glücklichen Erfolges konnten sie vollends gewiß sein, wenn sie sich der Anleitung eines jener geschickten Männer bedienten, welche den Kandidaten das Wissensnotwendige, was von diesen bei den nun einmal „immer zu weitläufigten" Professoren nicht zu erlernen gewesen war, in aller Kürze und Schnelligkeit beizubringen verstanden.

Auf diese Weise war dem korrumpierenden Einfluß der Universitätsgelehrten lange Zeit hindurch doch noch eine Schranke gesetzt. Später hat man sich aber dazu entschlossen, dieselbe fallen zu lassen.

Den Anlaß dazu gab die Erweiterung, welche Preußen im Jahre 1866 durch beträchtliche Gebiete erfuhr, in denen sich noch das gemeine Recht in Geltung erhalten hatte und folgeweise auch die alte Rechtsgelehrsamkeit sich noch breiter als in den altpreußischen Landen machte. Man verstand sich, zumal einige aus jenen Gebieten stammende Juristen großen Einfluß und leitende Stellungen im preußischen Justizdienst erlangten, dazu, der gemeinrechtlichen Jurisprudenz auch von Staatswegen wieder freundlicher entgegenzukommen. Man verzichtete auf jenes Examenspräservativ.

Die Prüfung der Rechtskandidaten wurde zwar den Professoren der Rechtswissenschaft nicht, wie es in den meisten übrigen deutschen Staaten (ausgenommen das auch in dieser Beziehung musterhafte Großherzogtum Baden) hergebracht war, ganz und gar übertragen. Die Professoren erhielten aber doch einige Plätze in den Examenskommissionen eingeräumt. Und das benutzten sie natürlich schleunigst dazu, um ihre Tendenzen sehr stark zur Geltung zu bringen und die wissenschaftlichen Ansprüche an die Prüflinge übermäßig zu steigern, so daß diese von nun ab viel mehr an theoretischen Spekulationen, Bedenken und

Zweifeleien in die Praxis hineinzuschleppen genötigt wurden, als früher.

Darin, daß die Professoren einen solchen Einfluß auf die zukünftigen Praktiker haben, liegt einer der hauptsächlichsten Gründe des hier bekämpften Übels. Dieser Einfluß muß ihnen entzogen werden. Das ist gerade jetzt, nach Einführung des BGB., dringendst geboten.

Man bedenke, daß jene Einschleppungsgefahr, seit wir das BGB. haben, noch ungleich größer als vorher geworden ist. Bis dahin war sie wenigstens noch dadurch gemildert gewesen, daß die damalige Professorengelehrsamkeit für die Praxis nicht unmittelbar zu brauchen war. Die den Kandidaten im Examen abverlangte Universitätsjurisprudenz wurde von ihnen, da sie größtenteils gar nicht in die Lage kamen, das vorgetragene Recht wirklich anzuwenden, baldigst vergessen; sie starb in ihnen, gleichsam durch non usus, ab und zwar mit einer Schnelligkeit, die der Eile proportional war, mit welcher die Examenskenntnisse noch kurz vor Thoresschluß in das Gedächtnis eingestampft zu werden pflegten.

Das ist nun anders geworden. Jetzt tragen die Universitätslehrer das *wirklich geltende*, in ganz Deutschland direkt anzuwendende Recht vor. Indem sie dasselbe „wissenschaftlich" behandeln, versteht es sich aber von selbst, daß sie darauf aus sind, die angehenden Juristen an dem Sinne des von ihnen dereinst anzuwendenden Rechts allenthalben irre zu machen. Denn was strebt ein Rechtsgelehrter Höheres an, als eine „neue Ansicht" aufzustellen, also nicht derselben Meinung wie alle anderen zu sein? In was sonst besteht überhaupt die wissenschaftliche Forschung, als in der angestrengten Bemühung, nachzuweisen, daß dasjenige, was andere wissen, falsch sei? Daher wäre es, wenn die juristischen Professoren so weiter schalten und walten dürften, unvermeidlich, daß die junge Juristenwelt nach wie vor zu lauter Zweifelei und Streiterei erzogen, die Praxis in beständige Schwierigkeiten geraten, unser kaum errichtetes schönes, festes Rechtsgebäude durch die destruktiven Bestrebungen der Universitätsgelehrten alsbald wieder aus den Fugen gebracht würde!

Dennoch möchte ich es nicht etwa befürworten, daß wir vom juristischen Universitätsstudium völlig Abstand nehmen, die Professoren der Jurisprudenz also ganz aus der Welt geschafft werden sollten. Dazu hat sich ja selbst Friedrich der Große trotz seines starken Mißtrauens gegen diese Juristenklasse nicht verstehen wollen. Mir scheint die Beibehaltung des juristischen triennium academicum, selbstverständlich aber unter Einrechnung des Militärdienstjahres, sogar sehr wünschenswert. Nicht bloß aus dem Grunde, weil es grausam wäre, den angehenden

Juristen eine solche gründliche Erholung zwischen der Schul- und Amtszeit zu rauben, sondern noch mehr deshalb, weil der Aufenthalt auf der Universität und die übliche, seit einiger Zeit noch durch manchen neuen von unsern lieben Vettern jenseits des Kanals entlehnten Sport vervollkommnete Art, diese Mußejahre auszunützen, für eine standesgemäße, ritterliche, schneidige Ausbildung unserer zukünftigen Staatslenker ganz unentbehrlich ist.

Und auch davon würde ich mir wenig versprechen, wenn man nach dem Vorgange des Kaisers Justinian und des Königs Friedrich wieder versuchen wollte, den Rechtslehrern strenge Vorschriften über das erlaubte Maß ihres Wissenschafts- und Lehrbetriebes zu geben. Angesichts der jetzigen Gedanken-, Sprech- und Druckfreiheit würde damit heutzutage kaum noch etwas auszurichten sein.

Es ist also auf ein anderes Mittel zu sinnen. Das ist nicht schwer zu finden. Es ist erforderlich, aber auch vollkommen genügend, daß den Professoren der Rechtswissenschaft die hervorragende Stellung nicht länger belassen wird, die ihnen bisher allzu nachgiebig eingeräumt worden ist.

Schon ist ein vielversprechender Anfang dazu, den Übermut der Professoren, und zwar nicht bloß der juristischen, zu dämpfen, vor kurzem durch das preußische

Unterrichtsministerium — es soll dies hauptsächlich einem um das höhere Unterrichtswesen außerordentlich verdienten, erfindungsreichen Ministerialdirektor zu verdanken sein, — in der Weise gemacht worden, daß die übermäßig hohen Einnahmen der Professoren aus Vorlesungshonoraren ein wenig beschnitten worden sind. Ganz im Geiste der auf möglichste Ausgleichung der Vermögensverhältnisse sämtlicher Staatsbürger gerichteten sozialistischen Tendenzen ist Fürsorge dafür getroffen, daß die mit einem Überfluß an Zuhörern und Kollegiengeldern gesegneten Professoren einen Teil ihrer Einnahmen an diejenigen Kollegen abzugeben haben, die entweder wegen ihres Faches oder ihrer selber wegen eine geringere Anziehungskraft auf die Studenten ausüben.

Freilich springt diese Ausgleichungsmethode mit den Privatgeldern der Studenten oder vielmehr ihrer Eltern so bestimmungswidrig um, daß sich dagegen die ernstlichsten juristischen Bedenken erheben ließen. Kann doch jetzt ein studiosus juris z. B. leicht in die Lage kommen, daß, wenn er bei einem Professor der ersteren, glücklicheren Art die Vorlesung über das bürgerliche Recht belegt, er einen Teil des Honorars unversehens für ein Kolleg über die Grammatik der littauischen Sprache oder über Knochenbrüche oder über die kleinen Propheten (notabene: ohne Zutritt zu diesen Vorlesungen zu erhalten!) bezahlt.

Natürlich kommen aber solche rein theoretische, privatrechtliche Bedenken gegenüber den höheren praktischen, staatlichen Postulaten nicht in Betracht. Auch daran braucht man sich nicht zu stoßen, daß bei jener Veranstaltung eine recht geringfügige Summe herauskommt, die Herr von Miquel am Ende doch auch anderweitig auftreiben könnte, ohne daß die Finanzen des preußischen Staats dadurch in Bedrängnis kämen. Genug, daß die Stellung des Staates zu dem immer üppiger gewordenen Professorenstande deutlich markiert ist! Alles erwogen, kommt mir daher die neue Einrichtung so überaus sinnreich vor, daß nur zu wünschen wäre, sie möchte bald auch auf andere Verhältnisse analog ausgedehnt werden. So sollten z. B. diejenigen Ärzte, denen Galenus allzuviele opes spendet, wie namentlich die Universitätskliniker, dazu angehalten werden, von ihren ärztlichen Honoraren den andern Ärzten, vornehmlich den Militärärzten, die ja keine so einträgliche Praxis zu haben pflegen, einen beträchtlichen Teil abzuliefern.

Immerhin ist jene nationalökonomische Veranstaltung, so heilsam sie auch sonst sein mag, doch nicht ausreichend, um den hier in Rede stehenden Zweck zu erreichen. Es wird damit für das Wohl der studiosi juris et cameralium, insbesondere dafür, daß sie den Weg in die Praxis unbeirrt durch die ihre juristische Unbefangenheit störenden

Zumutungen der Universitätslehrer nehmen können, noch nicht genügend gesorgt. Um diesen Zweck zu erreichen, ist eine kräftiger durchgreifende, schärfer aufs Ziel gerichtete Maßregel zu ergreifen. Worin dieselbe zu bestehen hat, ist ohne weiteres aus den von uns angestellten Betrachtungen zu entnehmen.

Es ist einfach auf die früher in Preußen mit bestem Erfolge gehandhabte, später leider fallen gelassene Examenseinrichtung zurückzugreifen. Die Prüfung der Rechtskandidaten muß in allen deutschen Staaten ausschließlich von praktischen Juristen abgehalten werden[1].

---

[1] Dagegen könnte den Juristenfakultäten das Privilegium, die Doktorwürde erteilen zu dürfen, ruhig belassen werden. Wenn die Eltern junger Juristen einen so starken Vermögensüberfluß und Ehrgeiz haben, daß sie ihre Herren Söhne so hübsch dekoriert sehen möchten, so möge ihnen ihr Wille geschehen! Es wird dadurch niemand Anderem ein Schade zugefügt! Nur sollte der Staat entsprechend der oben besprochenen Behandlung der Vorlesungshonorare auch einen Teil der Doktorpromotionsgebühren und zwar, da diese sich meistens sehr stattlich anhäufen, mindestens die Hälfte mit Beschlag belegen, um sie zur Unterstützung bedürftigerer Staatsbeamter, vor allen der so kläglich besoldeten Richter zu verwenden. Das wäre die richtige justitia distributiva! — Auch würde es sich empfehlen, den alten Titel »Doctor juris utriusque« endlich abzuschaffen. Die in ihm enthaltene Hinweisung auf das päpstliche Recht erscheint in anbetracht der Kenntnisse, die jetzt von den Doktoranden in dieser Rechtsdisziplin entwickelt werden, nicht mehr ganz zutreffend. Ferner wird jene Würde ja nachgerade auch von vielen Nichtchristen erworben; wie kann diesen aber zugemutet werden, sich auf die Heilighaltung des jus canonicum zu verpflichten? Ich schlage vor, den viel zeitgemäßeren und viel schöner klingenden Titel:

Ich erlaube mir bloß noch eine kleine Verbesserung in Vorschlag zu bringen. Es empfiehlt sich jetzt, zu den Prüfungen nicht die ältesten, sondern umgekehrt gerade die jüngsten Praktiker zuzuziehen. Denn, je weniger die Examinatoren mit dem rechtshistorischen Ballast und dem Kontroversenwust der früheren Rechtsgelehrsamkeit belastet sind, desto weniger wird zu besorgen sein, daß sie die Rechtsbeflissenen indirekt dazu nötigen, dergleichen Studien zu betreiben, die nur dazu führen müssen, sie an dem neuen Recht, an dem Sinne der Gesetzesworte irre zu machen.

Ich hoffe zuversichtlich, daß mein Vorschlag, namentlich bei der juristischen Jugend, lebhaften Beifall finden wird. Auf die angedeutete Weise würde der verderbliche Einfluß der professores, dem schon vor anderthalb Jahrhunderten hatte gesteuert werden sollen, am einfachsten und kräftigsten zurückgedrängt werden.

Die Studierenden der Jurisprudenz werden, sobald sie nicht mehr von den Universitätslehrern examiniert zu werden befürchten müssen, keinen Grund mehr und noch viel weniger Lust als früher haben, sich tiefer mit den

---

„Doktor-Jurist" einzuführen. Damit wäre auch ein bedeutsamer weiterer Schritt zur Gleichstellung der polytechnischen Hochschulen mit den Universitäten gethan. Hoffentlich wird bald eine diesbezügliche Anordnung getroffen.

ihnen vom Katheder herab dargereichten Rechtssubtilitäten und -Antiquitäten zu befassen. Abgesehen von den wenigen, die schon von vornherein darauf spekulieren, sich als Privatdozenten zu habilitieren, werden sich die Rechtsbeflissenen im wesentlichen mit den Memorieren des BGB. begnügen. Und dabei werden sie, wenigstens für die nächsten Jahre, sogar einen entschiedenen Vorsprung vor den meisten ihrer Examinatoren haben, die ja in die unbehagliche Lage geraten sind, sich das BGB. in schon gedächtnisschwächeren Jahren und ohne die bequeme Anleitung einzuprägen, welche den Kandidaten durch den Universitätsunterricht oder die bald sicherlich noch mehr in Blüte kommende schnellförderliche private Examensvorbereitungshilfe zu teil wird. Was die Examinanden aber etwa noch außer dem Gesetzestext wissen müssen, um für die Praxis genügend vorbereitet zu sein, werden doch die inmitten derselben stehenden und erfahrenen Examinatoren viel besser zu beurteilen verstehen als ein dem Gerichtsdienst und dem Rechtsleben fernstehender Stubengelehrter! Auf diesem Wege wird dann auch das Rechtsstudium erst den den Anforderungen der „Jetztzeit" allein entsprechenden praktischen, aktuellen Charakter erhalten. Die Polytechnika brauchen jetzt nicht mehr eifersüchtig zu den Universitäten hinaufzublicken. Im Gegenteil: es ist die Zeit gekommen, in der die Universitäten sich alle Mühe geben müssen, sich zur Höhe der Polytechnika aufzuschwingen!

Gegenüber etwaigen Besorgnissen, die Ausbildung der Juristen könne durch das Zurücktreten der Universitätslehrer doch beeinträchtigt werden, braucht aber nur auf die vortrefflichen Erfahrungen hingewiesen zu werden, die man bereits viele Jahrzehnte hindurch in Preußen mit der vorgeschlagenen Examenseinrichtung gemacht hat. Welche Fülle hoch hervorragender Juristen hat Preußen aufzuweisen, die aus jener Zeit stammen! Den an der Spitze des preußischen Justizwesens, des Kultusministeriums und auch der meisten übrigen Departements stehenden erleuchteten, scharfsinnigen Juristen hat es wahrlich nichts geschadet, daß sie nicht von Professoren examiniert worden sind. Wer möchte überhaupt verlangen, daß die juristische Jugend *mehr* lernen, *noch klüger* werden sollte, als *diese* Männer?

Ist doch auch die massenhafte, so vortrefflich gelungene Gesetzgebungsarbeit der letzten Jahrzehnte zum größten Teile den preußischen Juristen zu verdanken, die jenen Vorbildungsgang eingeschlagen haben. Man kann sagen: der Gesetzgeber *selbst* hat sich seine grundlegenden Rechtskenntnisse vornehmlich auf eben jenem Wege zu verschaffen gewußt. Es liegt sogar die Vermutung nicht fern, daß er teilweise nicht einmal regelmäßig die Universitätsvorlesungen besucht, sich vielleicht die erforderlichen

Kenntnisse von Quaritsch, Baron, Kaiser rc. hat auf kürzerem und bequemerem Wege beibringen lassen. Es würde, glaube ich, nicht eben schwer fallen, im BGB. Spuren von dieser Herkunft mancher gesetzgeberischer Rechtsvorstellungen nachzuweisen! Durch die befürwortete Einrichtung würde also unser Recht nur um so sicherer auf eben den Boden gestellt bleiben, aus dem es erwachsen ist.

Daß die juristischen Professoren mit dem Vorschlage nicht einverstanden sein werden, ist begreiflich und sehr entschuldbar. Wer möchte in die Minderung seines Einflusses gern selbst einwilligen? Es wäre den Universitätslehrern sogar zu verdenken, wenn sie dem von ihnen aufs angestrengteste gepflegten Wissenschaftsbetriebe und ihrem vielen Wissen so wenig Wichtigkeit beilegen würden, daß sie nicht möglichst auf dessen Fortpflanzung bedacht wären. Das sind aber eben einseitige Standesanschauungen und -bestrebungen, die nicht die mindeste Berücksichtigung verdienen, wenn sie, wie sich zur Genüge gezeigt hat, im Widerspruch zu dem stehen, was zum Wohle nicht bloß des gesamten Juristenstandes, sondern auch der Rechtspflege erforderlich ist.

Hier muß trotz alles Widerspruchs der Gelehrten mit aller Entschiedenheit vorgegangen werden, ähnlich wie es ja auch schon geschehen ist, als sich vor einigen Jahren die juristischen Professoren zusammengethan hatten, um auch noch fernerhin dem römischen Recht den bevorzugten Platz im Rechtsstudium zu wahren und noch immer an den altgeheiligten Pandektenvorlesungen festzuhalten. Als sich das die Regierungen nicht gefallen ließen, haben die Herren Universitätslehrer sich ja auch schleunigst ganz ruhig darein gefügt. Und sie scheinen selbst eingesehen zu haben, daß es so besser ist. Sie haben ja, obgleich das ihnen garnicht befohlen worden ist, aufgehört, neue Pandektenlehrbücher zu schreiben, sind vielmehr aufs lebhafteste bemüht, die Flut von Kommentaren und Lehrbüchern über das neue bürgerliche Recht steigern zu helfen. Was aber die Vorlesungen anbelangt, so ist, da das BGB. so treu bei den meisten Bestimmungen des römischen Rechts verharrt ist, die Neuerung nicht so gar unbequem. Ich möchte keine genauere Untersuchung darüber anstellen, wie viel aus den alten Pandektenheften Wort für Wort mag in die Hefte über das neue bürgerliche Recht hinübergewandert sein!

Überhaupt werden sich die Professoren sicherlich bei der neuen Einrichtung ganz wohl befinden. Dafür spricht ebenfalls die Erfahrung. Es giebt ja einige Juristenfakultäten, die niemals an der staatlichen Prüfung der Rechtskandidaten beteiligt gewesen sind. Das hat aber dem Gedeihen, sogar der außerordentlichen Blüte der meisten dieser Fakultäten nicht den mindesten Eintrag gethan. Ist doch gerade eine derselben früher jahrzehntelang das Mekka der studiosi juris et cameralium gewesen!

Sollten auch die Vorlesungen, wenn die vorgeschlagene Examenseinrichtung getroffen wird, manchmal nicht ganz so fleißig besucht werden, wie einstmals an den Universitäten, an denen die zukünftigen Examinatoren dozierten, so werden die Vorlesungen doch ebenso zahlreich angenommen werden, wie bisher. Und abgesehen davon, daß den Professoren durch diese Einrichtung eine sehr lästige Mühe abgenommen und namentlich jede unangenehme Störung der ihnen so notwendigen langen Ferienzeit fern gehalten werden wird, steht es ihnen ja frei, sich in ihren Vorlesungen den Bedürfnissen der Studierenden etwas mehr zu akkommodieren und ohne die herkömmliche „Weitläuftigkeit", ohne lange Erörterung abweichender Lehrmeinungen, ohne subtile Distinktionen und Konstruktionen den Zuhörern das notwendige Wissen einfach, kurz und bündig zu überliefern, etwa so wie es die meisten Studierenden ja ohnehin schon von ihren privaten Examensnothelfern zu beziehen vorgezogen haben. Damit würde ja auch nur die schon von Friedrich dem Großen beabsichtigte Einrichtung des juristischen Universitätsunterrichts aufs beste, bequemste und noch dazu ganz aus freien Stücken endlich einmal zur Durchführung gelangen!

Dritter Brief.

Einsetzung einer zentralen Rechtsauskunftsbehörde.

Ich verberge mir nicht, daß die Einrichtung, die ich in meinem letzten Briefe in Vorschlag gebracht habe, noch nicht allein dazu ausreichen würde, um uns den durch das BGB. einbescherten Segen der Rechtsgewißheit völlig sicher zu stellen.

Mögen die Richter von der Universität auch noch so feste Rechtsansichten mitbringen, so bliebe doch immer noch zu befürchten, daß sie später auf andern Wegen ungeachtet der Motive und Protokolle in Zweifel über den Sinn mancher Gesetzesbestimmungen geraten könnten, sei es infolge heimlicher Lektüre rechtswissenschaftlicher Bücher oder vielleicht gar von sich selbst aus. Auch hiergegen sollte Abhilfe geschaffen werden. Läßt sich nicht eine zuverlässige Veranstaltung treffen, durch welche die Gerichte solcher Zweifel überhoben würden?

Es handelt sich dabei um ein Problem, dessen Lösung schon von alters her aufs sehnsüchtigste angestrebt und auf mannigfachen Wegen versucht worden ist.

Prüfen wir, was aus diesen Versuchen für uns zu lernen ist!

Aus der römischen Rechtsgeschichte wissen wir, daß schon die römischen Kaiser darauf bedacht gewesen sind, den Richtern bei der Bildung ihrer Rechtsansichten einen festen Halt zu geben. Seit Augustus pflegten sie einer Anzahl hervorragender Rechtsgelehrter eine Art Patent zur Erstattung von Rechtsgutachten zu erteilen, das sog. jus respondendi, mit der Wirkung, daß die von ihnen erstatteten Gutachten verbindlich für die Richter sein sollten. Wie es sich damit im Näheren verhalten hat, ist zwar, wie so Vieles der römischen Rechtsgeschichte, wegen Mangels genauerer Nachrichten — dieser Mangel ist aber ja gerade der reichste, hoch erwünschte Nährquell rechtsgeschichtlicher Forschung! — schlechterdings nicht sicher zu erraten[1]. So viel steht aber fest, daß mit dieser Einrichtung, da doch in den allermeisten Fällen über die dem Richter zweifelhaften Rechtsfragen kein responsum oder doch kein genau zutreffendes vorlag, wenig geholfen

---

[1] S. hierüber Puchta, Kursus der Institutionen Bd. 1 § 116, Karlowa, Röm. Rechtsgeschichte Bd. 1 S. 659 ff. — Neuerdings ist den Rechtshistorikern ja die große Freude bereitet worden, daß sogar ein bisher für so felsenfest gehaltenes, auch den Digestenausgaben einverleibtes Ergebnis rechtsgeschichtlicher Forschung, wie die von Bluhme dargelegte Methode der Digestenkompilation, sehr entschieden und mit beachtenswerten Gründen in Zweifel gestellt worden ist.

war. Aber auch wenn wir uns hierüber hinwegsetzen wollten, wären wir doch jetzt nicht mehr in der Lage, auf einen solchen oder auch nur einen entfernt ähnlichen Notbehelf zurückgreifen zu können. Wer möchte sich anheischig machen, unter den jetzt lebenden Rechtsgelehrten solche ausfindig zu machen, deren Ansichten so unfehlbar richtig wären, daß sämtlichen Gerichten angesonnen werden dürfte, sich ihnen schlechterdings zu fügen? Giebt es jetzt auch nur einen einzigen Juristen, der immer recht hätte, irgend einen, der sich nicht schon sehr stark geirrt hätte? Und selbst wenn wir es mit der Infallibilität nicht so genau nähmen: welchen Rechtsgelehrten sollte eine so hohe Auszeichnung, ein so überaus ehrenvolles Vertrauen gespendet werden? Ließe man hierüber die Juristen unter sich abstimmen, wie weit würden die Stimmen auseinandergehen! Ich glaube fast, die meisten würden sich selber wählen. Und wo fänden wir Rechtsgelehrte, die, wie es zu jener römischen Einrichtung sehr wesentlich gehörte, bereit wären, jedermann Rechtsgutachten honoris, nicht honorarii causa auszustellen?

Noch weniger dürfte es sich empfehlen, auf ein Auskunftsmittel von solcher Art zurückzugreifen, wie dasjenige, zu dem Kaiser Valentinianus III., als es keine vertrauenswürdigen lebendigen Juristen mehr gab, sich entschloß, indem er in seinem berühmten Citiergesetz ein aus fünf längst verstorbenen Jureconsulti zusammengesetztes Kollegium formierte und den Richtern anbefahl, jeweils diejenige Rechtsansicht zu befolgen, für welche die — freilich auf eine nicht recht klar erkennbare Weise zu ermittelnde — Majorität dieses verblichenen Kollegiums entschied. Zur Not könnten wir ja wohl ein paar verstorbene Rechtsgelehrte auftreiben, die bereits unser neues bürgerliches Recht gekannt, memoriert und vielleicht auch prima vista leidlich verstanden haben. Gerade sie unsern Gerichten Sentenzen diktieren zu lassen, wäre aber denn doch zu beleidigend für die lebenden Rechtsgelehrten!

Dem tiefgefühlten Bedürfnis, durch welches sich die römischen Kaiser zu derlei Experimenten getrieben fühlten, hat man in der modernen Welt auf ganz andere Weise abzuhelfen gesucht. Da es an einer Staatsgewalt fehlte, die thatkräftig genug gewesen wäre, um sich, wie die römische, an eine so schwierige Aufgabe heranzuwagen, suchten die Juristen sich selber zu helfen. Der Respekt vor der Leistungskraft der Wissenschaft war so groß, daß man ihr zutraute, sie werde sogar hierzu, zu ihrer eigenen Knechtung, die geeigneten Mittel zu beschaffen im stande sein. Und die Rechtswissenschaft hat sich wirklich mit ihrer gewohnten Geduld und Gründlichkeit an dieses Werk begeben. Haben sich aber denn nicht auch andere Wissenschaften an ähnlich schwierigen Problemen versucht, hat man sich nicht seit Archimedes fortwährend mit der Quadratur des Kreises abgemüht?

So haben denn die Rechtsgelehrten längst ein stattliches, wohlgegliedertes System von Regeln aufgestellt, welche wir, falls eine Gesetzesbestimmung nicht ganz deutlich abgefaßt oder das Gesetzesrecht „lückenhaft" ist, befolgen sollen, um vollständige Gewißheit zu erlangen.

Es wird gelehrt, man müsse mit der „grammatischen" Interpretation beginnen, nötigenfalls zur „logischen", von der wörtlich genauen zu einer ungenauen, dem klaren, gewöhnlichen Wortsinn zuwiderlaufenden, entweder einer „restriktiven" oder einer „extensiven" Interpretation vorschreiten, zur Rettung in noch schwierigeren Fällen sich zur Gesetzes-, schlimmsten Falls selbst zur Rechtsanalogie aufschwingen[1]. Manche Gelehrte gestatten sogar, die „Natur der Sache" zu berücksichtigen. Doch ist dabei, seit die historische Schule die Herrschaft erlangt hat, selten versäumt worden, aufs ängstlichste davor zu warnen, auf die bloße menschliche Vernunft zu rekurrieren, namentlich wird aufs strengste verboten, je zu dem verpönten Naturrecht die Zuflucht zu nehmen. Von dem „Rechte, das mit

---

[1] S. namentlich Savigny, System des heutigen röm. R. Bd. 1 § 32—51. Windscheid, Pandektenrecht Bd. 1 § 20—23.

uns geboren", darf jetzt noch viel weniger die Rede sein, als es nach Mephistopheles schon im achtzehnten Jahrhundert der Fall gewesen sein soll.

Mit diesen Regeln konnte ich mich schon, als ich über sie auf der Universität unterrichtet wurde, nicht ganz zurechtfinden. Vor der extensiven und restriktiven Interpretation hatte ich eine unüberwindliche Scheu; ich fühlte mich durch beide Methoden zu lebhaft an den alten Prokrustes erinnert. Namentlich konnte ich mir aber nicht klar darüber werden, wie man es anzufangen habe, um „sich möglichst vollständig in die Seele des Gesetzgebers hineinzudenken"[1], „dessen ausgedrücktem Willen gegenüber seinen eigentlichen zur Geltung zu bringen[2]" und zu ermitteln, „was derselbe selbst ausgesprochen haben würde, wenn er auf die Punkte, welche er sich nicht zum Bewußtsein gebracht hat, aufmerksam geworden wäre"[2].

Beim Recht des Corpus juris civilis ist man in dieser Beziehung zwar insofern viel besser als bei dem des BGB. daran, als man es wenigstens mit einem Gesetzgeber, der in einer einzigen, natürlichen Person bestanden hatte, mit dem Kaiser Justinian zu thun hat. Aber das Innere dieses verstorbenen Kaisers war mir so wenig bekannt, die paar Notizen, die ich in den Vorlesungen

[1] Windscheid a. a. O. § 21.
[2] Windscheid a. a. O. § 22.

und Lehrbüchern über seinen Charakter und sein ganzes Thun und Treiben erhalten hatte, waren so dürftig, daß mir die genügenden Anhaltspunkte fehlten, um mich in sein Seelenleben und das wahrscheinlich ihm selbst rätselhafte Geheimnis seiner eventuellen Entschließungen irgendwie hineinversetzen, es auch nur dunkel ahnen zu können.

Wer möchte z. B., gesetzt den Fall, daß Justinian das im ersten Briefe erwähnte Verbot jeder wissenschaftlichen Bearbeitung des Digestenrechts nicht erlassen hätte, zu erraten wagen, daß er, wenn er auf diesen Punkt, auf die Gefährlichkeit der Wissenschaft, aufmerksam geworden wäre, den Rechtsgelehrten, die sich unterfangen würden, Kommentare zu den Digesten zu schreiben, die Strafe des falsum und die Vernichtung ihrer Bücher angedroht haben würde? Oder würden wir, falls Justinian nicht an eine vollständige Reform des Noterbrechts gedacht hätte, auf die Vermutung geraten, daß, wenn er daran gedacht hätte, er über das Noterbrecht so konfuse Bestimmungen getroffen haben würde, wie die der Novella 115? Selbst darüber, wie sein „Wille“ überhaupt beschaffen gewesen sein mag, war ich ganz im Unklaren. Nach dem Wenigen, was ich von seinem Charakter wußte — und wer weiß, ob selbst das richtig war? — schien es mir nicht einmal gewiß, daß er, wiewohl er das jus offiziell so schön als

»ars boni et aequi« hat definieren lassen, doch stets das Gute, geschweige denn, ob er immer das Beste gewollt hat und gewollt haben würde. Wenn ich bedachte, daß seine Gemahlin Theodora, die bekanntlich in noch stärkerem Maße, als es regelmäßig durch die Ehefrauen geschieht, die Entschließungen des Gatten zu beeinflussen verstand, sich nicht eben eines sonderlich guten Leumunds erfreut, schien mir eine solche praesumtio boni vollends unangebracht.

Mein Respekt vor den berühmten Juristen, welche jene Interpretations- und Analogietheorieen aufgestellt hatten, war jedoch so groß, daß ich damals, in der Vermutung, ich sei eben noch nicht reif dazu, um das alles ganz zu verstehen, schließlich meine Bedenken zurückdrängte und mich der festen Zuversicht hingab, der uns dargereichte, so fein ausgedachte und sorgfältig abgestufte Apparat von Hilfs- und Notmitteln werde mir dereinst als ein starkes Rüstzeug dienen, mit dem gewappnet ich alle Schwierigkeiten der Rechtserkenntnis und Rechtsanwendung sicher überwinden würde. Ich mußte aber eine große Enttäuschung erleben.

In einem der ersten Urteilsentwürfe, die ich während meines Vorbereitungsdienstes anzufertigen hatte, ließ ich mir es angelegen sein, strengstens so, wie es mir gelehrt worden war, vorzugehen. Ich trug die Gründe für die von mir vertretene Rechtsansicht — es war übrigens dieselbe, welche schon unser höchstes Gericht befolgt, aber bloß durch die allgemeine Bezugnahme auf den „Willen des Gesetzgebers" begründet hatte — sauber nach den vorhin aufgeführten Kategorieen sortiert vor, indem ich von der grammatischen Interpretation ausging und nach und nach bis zur Rechtsanalogie emporstieg, zuletzt auch noch einen schüchternen Blick auf die Natur der Sache warf. Mein Konzept wurde mir aber zu meiner großen Beschämung erbarmungslos zusammengestrichen: das seien ganz unnütze Weitläufigkeiten, ob ich denn klüger sein wolle als die höchste Instanz? Seitdem habe ich mich des Bestrebens, so schulgerecht zu verfahren, gänzlich entschlagen und es gewöhnlich ebenfalls bei dem bequemen allgemeinen Appell an den gesetzgeberischen Willen bewenden lassen. Ich machte auch bald die Erfahrung, daß die Gerichte überhaupt nicht gern von jenen Lehren Gebrauch machen. Wenn ein Gericht schon auf anderem Wege darüber sicher geworden ist, wie es zu entscheiden hat, zieht es sie wohl bisweilen nachträglich zur Verzierung der Entscheidungsgründe heran. Daß aber ein Gericht durch diese Lehren richtig entscheiden gelernt und je erst durch ihre Anwendung zu der seinem Erkenntnis zu Grunde gelegten Rechtsansicht gelangt wäre, habe ich ebenso selten wahrgenommen, wie daß jemand erst vermittelst der Lehren der Logik denken gelernt hätte.

Ein so tiefer Sinn nun aber trotz alledem jener seit langem und allgemein approbierten Theorie sicherlich innewohnen mag, so würde sie uns doch bei der Lösung des uns beschäftigenden Problems gänzlich im Stiche lassen. Denn sie leidet jedenfalls an dem Fehler, daß sie den Richtern das eigene Denken, Nachforschen, Prüfen, Entscheiden doch nicht erspart. Er muß sich auf diesem Wege schließlich doch selber aus seinen Zweifeln heraushelfen. Wie viele und peinliche Überlegungen sind notwendig, um sich darüber schlüssig zu machen, ob man mit der grammatischen Interpretation ausreicht oder ob diese einen so unvernünftigen Sinn ergiebt, daß man den Wortsinn strecken oder einkürzen muß, sodann um zu wissen, ob etwa auch damit so wenig auszurichten ist, daß man die Rechtserkenntnisleiter immer höher bis zur Rechtsanalogie hinaufzuklettern verpflichtet ist! Und wer liefert uns, wenn wir uns bis zur Analogie versteigen müssen, die dazu erforderlichen Sprossen, die rationes juris? Müssen wir sie uns nicht selber zurechtmachen? Fehlt es nicht überall an einer uns der eigenen Zweifel überhebenden, festen Autorität?

Es ist daher den Juristen nicht zu verdenken, daß sie darauf ausgegangen sind, ein diesen Anforderungen besser entsprechendes Hilfs- und Beruhigungsmittel ausfindig zu machen.

Dieser Freund in der Not ist die „communis opinio“, zu deutsch: „die herrschende Ansicht“. Die Theorie derselben gehört zu den lehrreichsten und unterhaltendsten Partieen der gesamten Wissenschaftsgeschichte; sie liefert einen besonders deutlichen Beweis dafür, wie wenig die Menschheit geneigt ist, sich bei der Bemühung um die Wahrheitserkenntnis auf den unbequemen Standpunkt zu stellen, den sich Lessing, um sich ja das Leben recht schwer zu machen, erkoren hat. Die Lehre von der communis doctorum opinio stammt aus der Jurisprudenz des Mittelalters, wurde dann Jahrhunderte hindurch mit besonderer Liebe gepflegt und hat in der Wissenschaft auch noch im neunzehnten Jahrhundert Verteidiger gefunden[1].

---

[1] Um die Bedeutung der communis opinio zu verstehen, brauchen wir uns nicht in die massenhafte ältere Litteratur dieser Lehre zu versenken. Die Quintessenz derselben ist vor noch nicht gar so langer Zeit in einer sehr gelehrten Abhandlung des Tribunalrat und Professor Schweikart zu Königsberg in der Zeitschrift für Civilrecht und Prozeß Bd. 4 S. 331 ff. zusammengefaßt worden. Er erklärt die communis opinio für eine Rechtsquelle, für eine besondere Art des Gewohnheitsrechts: das Rechtsgefühl des Volkes, auf dem das Gewohnheitsrecht beruhe, entwickele sich „am reinsten und sichersten in denjenigen, welche ihr ganzes Leben dem Geschäft, das Recht zu finden, gewidmet haben, weshalb denn auch ihre, ursprünglich nur gutachtlichen Aussprüche zum Recht werden, wenn sie den Beifall der Schule und der Gerichte gefunden und den Prüfstein der Zeit ausgehalten haben“ (S. 333). Auf Grund dieser, wie aus dem „Prüfstein der Zeit“ ersichtlich ist (bisher war mir bloß der „Zahn der Zeit“ bekannt gewesen), eines höheren Schwunges nicht entbehrenden prinzipiellen Betrachtung stellt dann

In der Praxis hat sie noch heutzutage viele treue Anhänger behalten. Die Richter lieben es zwar nicht mehr, sich zu dieser Theorie so offen zu bekennen, wie es einst üblich

---

der Verf. vier scharf von einander abgegrenzte Erfordernisse für die Entstehung einer communis opinio auf. Ich begnüge mich damit, auf eines derselben hinzuweisen. Schweikart verlangt zu einer communis opinio vor allem, „daß sie von einem bewährten Rechtsgelehrten (ICto docto ac solenni) ausgegangen sei. Je länger ein solcher tot ist, desto gewichtiger ist sie“; aus dem angeführten Hauptgesichtspunkt (offenbar ist damit vom Verf. der „Prüfstein der Zeit“ gemeint) erkläre es sich, „warum eine Meinung ein um so größeres Ansehen gewinne, je länger sie sich in der Republik der Gelehrten als richtig bewährt habe“ (S. 333). Der Gedanke, daß Rechtsansichten durch längeres ruhiges Ablagern immer richtiger werden, scheint mir eines der größten Meisterstücke der Jurisprudenz zu sein, ein solches, durch welches sie sich selbst überbietet. Dank demselben wissen wir endlich, wie bequem wir zur Erkenntnis der Wahrheit gelangen können. Die Wahrheit entsteht ganz ohne unser eigenes Bewußtsein und Zuthun: durch Verjährung resp. Ersitzung! — Schweikart's Abhandlung ist nicht etwa, wie man fast meinen sollte, scherzhaft gemeint. Es ist ihm bitter ernst mit jener Theorie. Er giebt zwar zu, daß sie nicht ganz unangefochten geblieben, die Befolgung der communis opinio schon von vielen Juristen sogar als „Schlendrian“ bezeichnet worden sei (S. 338ff.). Aber, obgleich hieraus hervorgeht, daß die Theorie der communis opinio nicht mehr so glücklich ist, selber wieder durch eine communis opinio sanktioniert zu sein, spricht sich Schweikart doch aufs bestimmteste für sie aus. Er sagt: „Diese veränderten Ansichten haben aber keineswegs die Wirkung gehabt, daß alle communes opiniones, welche zu ihrer Zeit Gewohnheitsrecht geworden waren, abgeschafft wären; vielmehr wird man denen, welche noch immer in unverändertem Gebrauche geblieben sind, jene Eigenschaft auch jetzt noch zugestehen müssen.“ Natürlich! Hat eine Ansicht ihre Richtigkeit einmal fertig ersessen, so kann es so wenig wie sonst bei der Ersitzung darauf ankommen, ob der ruhige Besitzstand auch dann noch weiter besteht!

war. In der deutschen Verkleidung als „herrschende Meinung" hat ihnen aber die communis opinio noch fortwährend den besten Dienst geleistet, um die ihren Entscheidungen zu Grunde gelegten Rechtsansichten in aller Kürze mit einer vollgewichtigen Gewähr zu versehen.

Leider versagt jedoch dieses beliebte Hilfsmittel anlangend das neue bürgerliche Recht für jetzt und noch auf lange Zeit hinaus seinen Dienst vollständig, da das Recht des BGB. ja noch viel zu jung ist, als daß sich aus dem Chaos widerstreitender Beurteilungen bereits ein fester, lange genug erprobter Kern herrschender Ansichten hätte herausgestalten können.

Infolge der Jugend des neuen Rechts müssen wir aber vorerst und noch auf lange Zeit auch der andern, sehr ersprießlichen Hilfe entbehren, welche früher den Gerichten der unteren Instanzen in den Entscheidungen der oberen Gerichte in so reichem Maße zur Verfügung gestanden hatte. An die Oberlandesgerichte sind die ersten unter das neue bürgerliche Recht fallenden Prozeßsachen ja erst in den letzten Monaten erwachsen. Wie lange wird es nun vollends dauern, bis sich in der Judikatur des Reichsgerichts ein so reicher Präjudizienschatz für das neue Recht aufgespeichert haben wird, wie der, von welchem die niederen Gerichte unter der Herrschaft des alten Rechts so behaglich hatten zehren können. Und auch dann werden die Reichsgerichtsentscheidungen den andern Gerichten keine ganz sichere Anleitung geben. Die Gefahr zwiespältiger Entscheidung wird für immer bestehen bleiben, da ja die Reichsgerichtssenate bekanntlich eine der Beschaffenheit der Luft entgegengesetzte Eigenschaft, den horror pleni haben sollen!

So hat sich erwiesen, daß alle bisher in Anwendung gebrachten Auskunftsmittel ihren Dienst versagen[1]. Ich habe mich deshalb angestrengt, ein neues zu erdenken, durch welches dem so tief empfundenen Bedürfnis der Rechtsprechung sofort sicher abgeholfen werden könnte. Es ist mir gelungen, ein ganz einfaches und untrügliches ausfindig zu machen. Es ist dem Wesen des Gesetzesrechts aufs intimste abgelauscht. Ich wundere mich nur, daß noch niemand vor mir darauf gekommen ist.

Da die Rechtsprechung die Aufgabe hat, den Willen des Gesetzgebers so genau und vollständig wie möglich zu befolgen und zur Durchführung zu bringen, so wären wir aller Schwierigkeiten überhoben, wenn eine ständige zentrale Einrichtung getroffen würde, durch welche der gesetz-

[1] Auch die für die Geistesruhe der Richter so äußerst förderliche frühere Einrichtung, daß sie sich ihre Urteile von einer Juristenfakultät anfertigen lassen und die Erkenntnisse derselben, als wären sie von ihnen selbst gefällt, publizieren durften, ist ja, da das Aktenversendungsrecht durch die Reichsgesetzgebung aufgehoben ist, vollständig beseitigt.

geberische Wille in jedem Zweifelsfalle in vollkommen zuverlässiger, für die Gerichte absolut maßgebender Weise klar- und festgestellt würde. Dies ließe sich aber sehr leicht dadurch bewerkstelligen, daß die Kommission, welche das BGB. ausgearbeitet hat, wieder einberufen wird und dauernd versammelt bleibt. Sie müßte dazu verpflichtet werden, sämtlichen Gerichten auf deren Anfrage jeweils kurz und bündig mitzuteilen, was „man“ sich unter der fraglichen Gesetzesbestimmung gedacht, was „man“ eigentlich gewollt hat.

Vielleicht wird eingewendet werden, daß der Gesetzgeber doch nicht bloß aus den Mitgliedern jener Kommission bestanden habe. Aber was wußten die übrigen, die außerdem noch pro forma zu dem Gesetzgebungswerk haben mitwirken müssen, von dem Inhalt und dem Sinne des BGB.? Die meisten derselben, fast alle Bundesrats- und Reichstagsmitglieder haben den Entwurf sicherlich nicht einmal sorgfältig, viele überhaupt nicht vollständig durchgelesen! Wirklich bekannt mit ihm, genau bewandert in ihm waren doch nur die Mitglieder jener Kommission. Und mehr als das! Sie sind es, welche das neue Recht innerlich geschaffen, es erdacht, durchdacht, geformt haben. Sie haben als Stellvertreter des Gesetzgebers fungiert, statt seiner gedacht und gewollt. Es ist hierbei so zugegangen, wie stets bei den Ent- und

Beschlüssen fingierter Personen geschieht, die ja überhaupt nicht anders als durch ihre „Organe“ denken und wollen können.

Allerdings sind vom Bundesrate und vom Reichstage ein paar Änderungen mit dem Entwurfe der Kommission vorgenommen worden. Aber was wollen diese im Vergleich mit dem großen Ganzen bedeuten! Auch könnte man sich, um diesem Bedenken Rechnung zu tragen, mit dem Auswege helfen, daß diejenigen Bundesrats- und Reichstagsmitglieder, die sich um die Verbesserung des Entwurfs verdient gemacht haben, zu der genannten Auskunftsbehörde als außerordentliche Mitglieder zugezogen würden, um jeweils den zweifelhaften Sinn der von ihnen angeregten Gesetzesbestimmungen authentisch festzustellen. Namentlich dürften die Abgeordneten Spahn, Gröber und Haußmann nicht übergangen werden.

Nun wird es freilich oft vorkommen, daß auch bei dieser Einrichtung öfter keine volle Übereinstimmung über das, was der Gesetzgeber eigentlich gemeint und gewollt hat, erzielt werden kann. Das hat auch gar nichts Befremdliches. Denn wenn schon in der Brust einer natürlichen Person mehrere Seelen wohnen können, die sich voneinander trennen wollen, so ist ein solcher Seelenzustand in der Brust einer fingierten Person, und noch dazu einer so komplizierten, wie der Gesetzgeber es ist, vollends erklärlich, ja eigentlich das Normale. Aber dafür und gerade deshalb haben wir ja das Majoritätsprinzip. Es versteht sich von selbst, daß diejenige Ansicht als die richtige, dem wahren Willen des Gesetzgebers entsprechende zu gelten hat, für die sich sein größter Teil entscheidet. Ob sich gerade der Kopf auf der Seite der Majorität befindet oder diese von anderen, weniger einsichtsvollen Bestandteilen des Gesetzgebers gebildet wird, ist vollkommen gleichgültig. Werden doch auch sonst bei Mehrheitsbeschlüssen stets die Stimmen nur gezählt, nicht gewogen!

Endlich würde sich auch dem etwaigen Einwurfe, daß doch auch Kommissions-Bundesrats- und Reichstagsmitglieder sterblich seien, unschwer begegnen lassen. Es brauchte nur dafür gesorgt zu werden, daß an Stelle jedes wegfallenden Mitgliedes sofort ein neues Mitglied in die zentrale Rechtsauskunftsbehörde einzurücken hätte, welches von den ursprünglichen Mitgliedern schleunigst in das Geheimnis des gesetzgeberischen Willens so vollständig eingeweiht werden würde, daß es sich bald an dessen Kundgebung in vertrauenswürdigster Weise beteiligen könnte. Haben doch auch schon, während das Gesetzbuch geschaffen wurde, öfter solche Personenwechsel stattgefunden, ohne daß die Einheit und Konstanz des gesetzgeberischen Willens dadurch beeinträchtigt worden wäre.

Die Vorteile, welche aus der vorgeschlagenen Einrichtung für unser gesamtes Rechtswesen erwachsen werden, sind unschätzbar.

Erst auf diese Weise wird dem gesetzgeberischen Willen die ihm seinem Begriffe nach zukommende beständige Dauer gesichert sein. Erst so wird sich der momentane Willensakt des Gesetzgebers zu jener festen, dauerhaften, unverwüstlichen Willenssubstanz verdichten, die zur Seele dieser wie jeder Person gehört[1]. Ferner wird dadurch nicht bloß für die Gedanken- und Gemütsruhe der Richter vollkommen gesorgt sein, sondern die Rechtsprechung auch objektiv aufs beste gefördert werden. Sie würde die längst ersehnte Stetigkeit, Einförmigkeit, absolute Sicherheit erhalten und überdies in einer bisher unerhörten Weise beschleunigt werden. Denn jene Zentralbehörde würde, da sie nur aufs kürzeste zu bekunden hätte, was sie schon längst weiß, die erbetene Auskunft stets unverweilt erteilen können und müssen. Da selbstverständlich für den Verkehr zwischen ihr und

[1] Die gegensätzlichen Ansichten über das Wesen des Willens und der Seele überhaupt, welche neuere Philosophen, namentlich Sigwart und Wundt aufgestellt haben, kommen für uns Juristen nicht in Betracht. Unsere Wissenschaft ist von jeher so ganz und gar auf die substantielle Auffassung der Seele, insbesondere des Willens gegründet, daß sie infolge jener neuen philosophischen Theorien völlig aus den Fugen geraten würde. Wir Juristen haben uns überhaupt nicht mit „Philosophieren“ zu beschäftigen!

den Gerichten die neuesten abkürzenden naturwissenschaftlichen Entdeckungen und Erfindungen, am besten das Telephon, nutzbar zu machen wären, so erführen die Richter a tempo, nicht bloß ohne jedes eigene Nachdenken, sondern auch ohne alle Schreiberei aufs sicherste, wie sie zu entscheiden haben.

Wenn, wie ich hoffe, die von mir vorgeschlagenen Maßregeln zur Ausführung gelangen, wird dem deutschen Juristenstande der ungestörte Bestand des glückseligen Zeitalters, welches ihm das BGB. eröffnet hat, allseitig gesichert sein. Aber man sollte sich damit beeilen, damit nicht die alten Juristenuntugenden und -Leiden sich zu tief in den neuen Rechtszustand einfressen! Dem neuen bürgerlichen Rechte könnten zu seiner nächsten Geburtstagsfeier keine wertvolleren und schöneren Gaben einbeschert werden, als das neulich empfohlene Präservativ gegen die Universitätsgelehrten und die Einsetzung der heute befürworteten zentralen Rechtsauskunftsbehörde!

Vierter Brief.

Über die historische Rechtswissenschaft.

Die Betrachtungen, die ich in den vorhergehenden Briefen angestellt habe, waren in eine, freilich wohl nicht schwer zu durchschauende Verhüllung eingekleidet. Jetzt will ich meine Meinung offen heraussagen. Doch werde ich auch fernerhin dem von Horaz empfohlenen leichteren genus scribendi mit Ausnahme einiger damit allzuschwer verträglichen Erörterungen treu bleiben.

Wegen der Ansichten, mit denen ich hervortrete, werden mich vielleicht manche Rechtsgelehrte einer Versündigung gegen das Allerheiligste der Rechtswissenschaft zeihen. Mir ist aber darob nicht bange. Ich bin der festen Zuversicht, daß ich nicht allein stehe, sondern nur das frei ausspreche, was schon viele meiner Fachgenossen längst im stillen für richtig gehalten haben.

Oftmals habe ich darüber nachgesonnen, weshalb wohl die Rechtswissenschaft so weit hinter den großen

Fortschritten zurückgeblieben ist, welche während des neunzehnten Jahrhunderts in den meisten übrigen Wissenschaften gemacht worden sind. Ich bin mir über den hauptsächlichsten Grund immer klarer und gewisser geworden. Er liegt in dem übermäßigen Kultus, den die Rechtsgelehrten seit einem Jahrhundert mit der Rechtsgeschichte treiben.

Auch schon vorher hatte man es nicht unterlassen, den Blick in die Rechtsvergangenheit zurückzulenken. Aber es war ein bedachtsames, bescheidentliches Maß innegehalten worden. Die nicht mehr bestehenden Rechtsinstitutionen wurden damals schlichthin als das, was sie wirklich waren, als etwas Veraltetes, als „antiquitates juris“, als „Rechtsaltertümer“ behandelt. Genauer befaßten sich mit ihnen nur wenige, ausnahmsweise stark zur Philologie hinneigende Juristen; die andern nahmen von dergleichen fernliegenden Dingen bloß gelegentlich Notiz, meistens zu rein dekorativen Zwecken.

Dann trat jählings jener Umschwung ein, auf den ich schon einmal hinzuweisen Anlaß hatte. Es wurde lautest verkündet, das wahre Heil der Rechtswissenschaft sei in der möglichst sorgfältigen Erforschung der geschichtlichen Entwickelung des Rechts gelegen, zur Rechtswissenschaft gehöre vornehmlich, daß die Ursprünge des geltenden Rechts genau erkannt, seine „Quellen“

vollständig erforscht und ausgenutzt würden. Und je entfernter und spärlicher, je schwerer auffindbar, je unvollständiger und unklarer sie waren, desto eifriger und mit um so peinlicherer Sorgfalt beschäftigten sich die Rechtsgelehrten mit ihnen.

Diese mit ein wenig philologischer Akribie versetzte Schwärmerei für die Rechtsgeschichte nahm binnen kurzem die Rechtswissenschaft ganz in Beschlag. Die frühere, dem geltenden Recht, den dringenden Bedürfnissen der Rechtsprechung möglichst Rechnung tragende Art des Rechtswissenschaftsbetriebs wurde in den Hintergrund gedrängt. In dem Bestreben, die vagen Naturrechtsspekulationen durch solide Geschichtsforschung zu verscheuchen, ging man zugleich so weit, die philosophische Betrachtung und Ergründung des Rechtswesens überhaupt sehr geringschätzig zu behandeln, so, als wenn durch sie die Wissenschaft des positiven Rechts nicht gefördert, sondern eher gefährdet werden könnte. Die wenigen kraftvollen Opponenten, wie namentlich der mehr um die Gegenwart als um die Vergangenheit des Rechts besorgte, auf die Verbesserung des überkommenen verworrenen Rechtszustandes, auf ein energisches Eingreifen der Gesetzgebung dringende tapfere Thibaut, wurden von der neuen, sich vornehmer dünkenden und gebärdenden Rechtsgelehrsamkeit bei Seite geschoben. Die neue Rechtswissenschaftsmethode wurde fortwährend, namentlich vom Katheder herab, in einem so glänzenden Lichte dargestellt und so zuversichtlich gepriesen, daß sie, obgleich sich sowohl die Praxis wie die Gesetzgebung stets zu ihr sehr kühl verhalten haben, auch noch bis jetzt, wenigstens was die hier vorwiegend in Betracht kommende Privatrechtswissenschaft anlangt, die Herrschaft über das theoretische Denken der Juristen behauptet hat.

Wie ist denn aber diese außerordentliche Vorliebe für die Rechtsgeschichte in die Rechtswissenschaft hineingekommen? Ist sie dem eigenen Boden des Rechtswesens entsprossen? Haben etwa die Bedürfnisse des Rechtlebens, die Anforderungen der Rechtsprechung dazu geführt, die wissenschaftliche Pflege des geltenden Rechts so stark hinter die des vergangenen, veralteten Rechts zurücktreten zu lassen? Nichts ist sicherer, als daß das Gegenteil der Fall gewesen ist.

Die historische Rechtswissenschaft ist im innigsten Zusammenhange mit der Romantik emporgekommen, im Bunde mit jener phantasievollen Gefühls- und Gedankenströmung, welche im Beginne des neunzehnten Jahrhunderts das gesamte deutsche Geistesleben so stürmisch erfaßte, daß ihre überschwellenden Wogen selbst eine ihr so fern liegende, so sehr auf nüchterne Verständigkeit angewiesene Wissenschaft wie die unsere mit sich fortzureißen vermochten.

Auf diesen Zusammenhang ist ja auch schon von anderer Seite hingedeutet worden. Er ist deutlich genug erkennbar. Hat doch eben der Jurist, der zuerst als der begeisterte und beredte Herold der neuen historischen Rechtswissenschaft auftrat, dann bald ihr hochberühmter Führer wurde, von Jugend auf in den engsten Beziehungen zu den echtesten Romantikern gestanden und von ihnen die intimsten, nachhaltigsten Anregungen für seine ganze Geistesentwickelung empfangen. In Savigny's und seiner Genossen junge Seelen tönten die holden Klänge aus des Knaben Wunderhorn berückend hinein, und die schwärmerische Begeisterung für die geheimnisvolle Herrlichkeit einer glücklicheren Vorzeit gab ihnen auch auf dem Wege zur strengeren Fachwissenschaft das Geleit.

Und auf wen übt, auch jetzt noch, jene tief-innige Bewegung nicht ihren Zauber aus? Wer wird, wenn er an sie zurückdenkt, nicht von einem wehmütigen Sehnen nach jener Zeit erfaßt, in welcher ein über die nüchterne Wirklichkeit kühn hinwegfliegender Idealismus unsere Dichter und Denker, nachdem bereits das neue, kälter, härter, gar so „praktisch" geartete Zeitalter rauh aufschreckend an die Pforte geklopft hatte, noch einmal auf eine kurze Weile sich weltabgewandt in die trauliche Stille einer fernen Vergangenheit versenken, deren verborgene Schätze ans Tageslicht ziehen, bewundernd mustern, emsig durchforschen, die längst vergangene Herrlichkeit zu neuem Leben rufen ließ, wenn es auch ein bloßes Traumleben war! Und wer wollte nicht von Herzen wünschen, daß dieses heilige Feuer einer das Andenken an das Erhabene und Schöne der Vorzeit hochhaltenden Begeisterung in unserer Dichtkunst und auch in den Wissenschaften nie verlösche, welche der Erforschung der Vergangenheit zugewandt sind und in denen ohne jenen hohen, idealen Flug, ohne den die Vorzeit verklärenden Schimmer ahnungsvoller Phantasie nie etwas wahrhaft Großes wird geschaffen werden können!

Die Rechtswissenschaft zählt aber nicht zu diesen Wissenschaften! In ihr hat jener rückwärts gewendete Idealismus keine Stätte. Am allerwenigsten hat er in ihr die beherrschende Stellung zu beanspruchen, die ihm seit einem Jahrhundert eingeräumt worden und bisher erhalten geblieben ist. Wohl ist er damals in ihr Gebiet plötzlich prächtig funkelnd hineingeblitzt und hat manches dumpf auf ihr lastende Gewölke zerstreuen helfen. Aber es ist eine allzulange genährte Selbsttäuschung, daß man glaubt, die Wissenschaft des ganz und gar auf die Gegenwart, auf unser jetziges soziales Leben abgestellten Rechts könne durch jene aus der Vergangenheit hervorgezauberten Blitze und Funken ihre innerste Lebenskraft erhalten.

Die geschichtliche Betrachtung und Forschung leistet der Rechtswissenschaft höchst dankenswerte Dienste, ähnlich wie ja auch die Ethik, Psychologie, Völkerkunde, Nationalökonomie, Statistik, überhaupt die auf die Erforschung der sozialen Verhältnisse gerichteten Wissenschaften, die Sprachkunde u. s. w. sehr vieles zur Vertiefung der Rechtserkenntnis beitragen. Wie alle diese Wissenschaften ist auch die Geschichte, insbesondere der Teil derselben, welcher die Erforschung der Rechtsvergangenheit zur Aufgabe hat, eine sehr schätzenswerte Gefährtin der Rechtswissenschaft. Sie nimmt zu ihr die Stellung einer Hilfswissenschaft und zwar einer ihr besonders nahe stehenden ein. Ein integrierender Bestandteil oder gar, wie nach den noch immer gläubig dahingenommenen Lehren der historischen Schule zu vermeinen wäre, die Seele der Rechtswissenschaft ist die Geschichte, auch die Rechtsgeschichte nicht.

Die Rechtswissenschaft ist ein durchaus praktischen Zwecken gewidmetes Erkenntnisgebiet. Sie soll uns in den Stand setzen, die unser Gemeinleben gebieterisch regelnde Ordnung so vollkommen zu kennen und richtig zu verstehen, daß wir ihren Geboten aufs genaueste nachzuleben und gegenüber denen, die gegen sie verstoßen, zur sichern Durchführung zu verhelfen vermögen. Sie dient, wie ihr Objekt, das Recht, nur der Aufgabe, das wirkliche Leben, unsere sozialen Beziehungen so gestalten zu helfen, daß das Ideal des sozialen bonum et aequum in der Form und innerhalb der Grenzen, wie es uns jetzt, für unser gegenwärtiges Leben in verbindlicher Weise vorgezeichnet ist, so getreu und vollkommen wie irgend möglich verwirklicht werde. Hieraus folgt unabweisbar, daß die Rechtswissenschaft lediglich auf die Erforschung der gegenwärtigen Rechtsordnung, nicht der vergangenen, veralteten Rechtsinstitutionen gerichtet sein kann. Wer auch diese in den Bereich unserer Wissenschaft hineinzieht, spricht ihr ein selbständiges, von den übrigen Wissenschaftsgebieten abgegrenztes Gebiet ab: er macht sie zu einem aus Bruchstücken anderer Wissenschaften zusammengewürfelten Konglomerat und müßte folgerichtigerweise nicht weniger wie die Geschichte auch alle jene anderen Hilfswissenschaften zu ihr rechnen, die in ihrer Gesamtheit zur tieferen Rechtserkenntnis sogar um vieles mehr als die Geschichte beizusteuern im stande sind.

Die Kenntnis der Rechtsvergangenheit, die Erforschung des Weges, auf welchem das jetzige Recht aus dem früheren hervorgegangen ist, gehört ausschließlich in das Gebiet der von der Rechtswissenschaft von Grund aus verschiedenen Geschichtswissenschaft, jener Wissenschaft, die überhaupt das Werden des Jetzt zu erkennen und dafür zu sorgen hat, daß die Menschheit ihrer selber eingedenk sei, dafür, daß sie sich treulich dessen erinnere, was sie bereits früher geleistet und erlitten, errungen und verfehlt hat, so daß sie, belehrt durch ihre während Jahrtausenden angesammelten Erfahrungen, in den Stand gesetzt wird, ihr Leben mit immer besserer Einsicht fortzusetzen. Der innige Zusammenhang, der zwischen den einzelnen Teilen und Richtungen des gesamten Menschheitswissens besteht, bringt es zwar notwendig mit sich, daß diese Wissenschaft, wie so vielen anderen Gebieten menschlichen Wissens und Wirkens, so auch der Rechtswissenschaft vielfache lehrreichste Unterstützung darbietet, ähnlich wie z. B. die Mathematik dem Chemiker, Mineralogen, Elektrotechniker, Baukundigen u. s. w. die wichtigsten Hilfskenntnisse für den gedeihlichen Betrieb seiner Fachwissenschaft liefert. Aber wie man nie darauf verfallen ist, deshalb die Mathematik für einen Bestandteil der Chemie, der Ingenieurwissenschaft, der Taktik, Strategik auszugeben, ebenso verfehlt wäre es, den für die Rechtswissenschaft verwertbaren Teil der Geschichte sich losgelöst von dieser Wissenschaft vorzustellen und der Rechtswissenschaft einverleiben zu wollen.

Hierüber hat man sich bei der Wendung, welche der Rechtswissenschaft vor einem Jahrhundert gegeben wurde, hinweggetäuscht oder — hinweggesetzt. Es wurden die Grenzen zweier Wissenschaftsgebiete verschoben, die zwar enge nachbarliche Berührungen miteinander haben, aber im Zwecke und Inhalt grundverschieden sind. Und es hatte nicht bei einer bloßen Grenzverrückung sein Bewenden.

Die Rechtswissenschaft erhielt, als die Geschichte auf ihren Thron erhoben wurde, einen fremden Regenten. Diese Fremdherrschaft hat unserer Wissenschaft einen *fremden, falschen* Charakter aufgezwängt. Das juristische Denken und Forschen ist in weitem Umfange von seinen wahren, eigenen Zielen, der Einsicht in das wirkliche Rechtsleben und der verständnisvollen Leitung der Rechtsprechung abgelenkt und Aufgaben zugewendet worden, die nicht von *dieser*, sondern von einer *andern* Wissenschaft zu erfüllen sind.

Gewiß haben die Rechtsgelehrten allen Anlaß, sich nebenher auch mit der Geschichte zu beschäftigen, um das aus ihr für die Rechtswissenschaft zu entnehmende Hilfsmaterial von Kenntnissen herbeischaffen zu helfen. Der Rechtsgeschichte ist auch im Rechtsunterricht neben den andern Hilfswissenschaften, ja sogar *vor* den meisten ein Platz einzuräumen. Und gern werden wir diejenigen Rechtsgelehrten, welche auf diesem nicht zur Jurisprudenz selbst gehörenden Wissenschaftsgebiet Hervorragendes leisten, bewundernd beglückwünschen. Aber man verkenne und entstelle das Wesen unserer Wissenschaft nicht so stark, daß man annimmt und uns glauben machen will, es würden hierbei Forschungen getrieben, die wirklich in das Gebiet der Rechtswissenschaft selbst, nicht vielmehr in das der Geschichtswissenschaft gehören!

Man lasse unsere Wissenschaft nicht von der als Jurisprudenz verkleideten Geschichtswissenschaft so erfüllen und überfluten, wie es der historischen Juristenschule beliebt hat und auch jetzt üblich geblieben ist, so daß in unsern civilistischen Monographieen und selbst in den Pandektenlehrbüchern — auch hierbei hat man das Beispiel, welches Savigny, in seinem System des heutigen römischen Rechts, gegeben hat, meistens treulich befolgt — zahlreiche dogmatische Lehren nur wie Inseln in dem Meere der geschichtlichen Nachweisungen und Untersuchungen auftauchen! Gestehen wir es uns nur ehrlich ein: unsere Rechtswissenschaft, am stärksten die Privatrechtswissenschaft, ist zum großen Teile nachgerade ein Stück Geschichtswissenschaft geworden. Und noch mehr! Da die Geschichte selbst wieder so sehr auf die Hilfe der Sprach- und Altertumskunde angewiesen ist, hat die Rechtswissenschaft bei ihrem Hinüberwandern auf das Gebiet der Geschichte auch ein stattliches Stück Philologie annektiert. Zahlreiche Rechtsgelehrte lieben es, auch einen beträchtlichen Teil dieses ihrer Wissenschaft noch ferner liegenden Wissenschaftsgebiets, freilich ohne daß sie immer über die hierzu erforderlichen gründlichen Fachkenntnisse verfügten, ebenso eifrig, oft noch eifriger, wie die Rechtswissenschaft selbst zu kultivieren. Offen herausgesagt: viele unserer Rechtsgelehrten sind vorwiegend verkappte Historiker oder verkappte Philologen![1]

Sobald man sich aber darüber klar geworden ist, woher die historische Rechtswissenschaft eigentlich stammt und daß wir in ihr nur eine Vermischung mehrerer grundverschiedener Wissenschaften vor uns haben, so rücken auch erst vielerlei recht verfängliche Erscheinungen in das richtige Licht, die sich im Gefolge dieser Gestaltung der Rechtswissenschaft eingefunden haben. Das Verfängliche zeigt sich nicht etwa bloß gelegentlich in einzelnen Punkten von geringerer Bedeutung. Es tritt von vornherein in einer der wichtigsten, zentralen Rechtslehren, in der Lehre von den

---

[1] Ein volles Verständnis hierfür ist erst noch ganz vor kurzem thatsächlich bekundet worden, indem an einer unserer größten Universitäten ein Privatdozent der Philologie eine außerordentliche Professur in der juristischen Fakultät erhalten hat. Warum wird nicht auch das umgekehrte Verfahren eingeschlagen? Manche unserer juristischen Professoren sind, wie es ja mit Nebenbeschäftigungen zu gehen pflegt, stolzer auf ihre philologischen als ihre juristischen Leistungen; manche würden sicherlich einer philosophischen Fakultät mindestens ebenso sehr zur hohen Zierde gereichen, wie der juristischen. Jedenfalls würden sie dort besser am Platze sein, als die Professoren der Volkswirtschaftslehre, die sonderbarerweise noch immer in der Fakultät, welche den allgemeinen Mutterschoß der Fachwissenschaften bildet, zurückgeblieben sind.

Rechtsquellen, vor allem in der Lehre vom Gewohnheitsrecht aufs deutlichste hervor.

Schon das Antlitz dieses von den Juristen im Bunde mit der Romantik erzeugten, beiderseits stark verhätschelten Lieblingskindes hat eine frappante Ähnlichkeit mit den Zügen seiner Mutter. Aber auch in seinem Charakter ist es fast ganz nach der Mutterseite geschlagen; es fällt schwer, in seinem träumerisch-verschwommenen Wesen überhaupt etwas zu entdecken, was an seine Herkunft väterlicherseits erinnerte. Kaum ist in ihm eine Spur festerer und strengerer Juristendenkweise auffindbar. So oft ich mich mit der Gewohnheitsrechtstheorie beschäftigt habe, ist mir so zu Mute geworden, als ob ich ein geheimnisvolles Tönen und Rauschen aus tiefer, mondbeglänzter Zaubernacht vernähme. Öfters hat mich dabei die Lust angewandelt, mir das eine oder andere der schönen traumverlorenen Lieder von Eichendorff vorzusummen, etwa:

Ich wandle durch die stille Nacht,
Da schleicht der Mond so heimlich sacht
Oft aus der dunklen Wolkenhülle,
Und hin und her im Thal
Erwacht die Nachtigall,
Dann wieder alles grau und stille.

O wunderbarer Nachtgesang,
Von fern im Land der Ströme Gang,

Leis Schauern in den dunklen Bäumen —
Wirrst die Gedanken mir,
Mein irres Singen hier
Ist wie ein Rufen aus den Träumen.

oder:

Wie schön, hier zu verträumen
Die Nacht im stillen Wald,
Wenn in den dunklen Bäumen
Das alte Märchen hallt.

Die Berg' im Mondenschimmer
Wie in Gedanken stehn,
Und durch verworrne Trümmer
Die Quellen klagend ziehn.

Wie lebhaft wurde ich namentlich durch die letzten Verse an jene Quelle erinnert, welche die Juristen aus dem Dunkel und der Wirrnis der Vorzeit wieder hervorzuziehen bemüht gewesen sind!

Einst war die Quelle des Gewohnheitsrechts mächtig dahingeströmt. Aber als sich die Rechtsgelehrten zu ihr so liebevoll hingezogen fühlten, war sie schon seit langer, langer Zeit am Versiegen. Es waren von ihr bloß noch wenige spärliche, kläglich zwischen den Ruinen des alten Rechts dahinschleichende Wässerchen zurückgeblieben.

Das Recht hatte im Laufe der Jahrhunderte seine Gestalt verwandelt. Statt der ursprünglichen flüssigen, schwanken hatte es längst eine feste, scharf ausgeprägte Gestalt, die Form des Gesetzesrechts angenommen; kaum daß noch einige winzige, lokal eng begrenzte, des gesetzlichen Untergrundes entbehrende Rechtsgewöhnungen ein kümmerliches Dasein fristeten. Schon war die Erinnerung an jenen jetzt so begeistert gepriesenen Urquell alles Rechts im Ersterben. Als plötzlich die Kunde erschallte, dieser Quell existiere noch, er ströme noch immer, aus seiner starken, frischen Flut schöpfe auch jetzt noch das Recht seine beste Nahrung, seine echteste Kraft, mußte sie so wundersam wie ein Märchen klingen.[1]

---

[1] Savigny hat in seiner die historische Rechtswissenschaft in volles Leben rufenden Schrift vom Beruf unserer Zeit für Gesetzgebung und Rechtswissenschaft das Gewohnheitsrecht sogar für die alleinige Rechtsquelle erklärt. Er zieht (S. 13, 14 der ersten Auflage, 1814) die Summe seiner Ansicht ausdrücklichst dahin, „daß alles Recht auf die Weise entsteht, welche der herrschende, nicht ganz passende Sprachgebrauch als Gewohnheitsrecht bezeichnet, d. h. daß es erst durch Sitte und Volksglaube, dann durch Jurisprudenz erzeugt wird, überall also durch innere, stillwirkende Kräfte, nicht durch die Willkür eines Gesetzgebers". Wie ernst es ihm hiermit ist, kommt da, wo er seine Ansicht über „Gesetze und Rechtsbücher" (§ 3) zusammenfaßt, besonders deutlich zum Vorschein. Er spricht nicht etwa bloß seiner Zeit den Beruf zur Gesetzgebung ab, er wünscht nicht etwa bloß, daß vorläufig eine Pause in der Kodifikationsthätigkeit eintreten solle. Er weiß überhaupt keine Zeit anzugeben, die sich für die Schaffung von Gesetzbüchern ganz nach Wunsch schicke. Seine hierauf bezüglichen Ausführungen verdienen wörtlich in Erinnerung gebracht zu werden. „Fassen wir dasjenige, was hier über die Bedingungen eines vortrefflichen Gesetzbuchs gesagt worden ist, zusammen, so ist es klar, daß nur in sehr wenigen Zeiten die Fähigkeit dazu vorhanden sein wird. Bei jugendlichen Völkern findet sich zwar die bestimmteste Anschauung ihres Rechts, aber den Gesetzbüchern fehlt es an Sprache und logischer Kunst, und das Beste können sie meist nicht sagen, so

Und doch! Eben *deshalb* war jene Kunde der freundlichsten Aufnahme, lebhaften Beifalls, festen Glaubens sicher. Denn die Seelen waren damals hierfür aufs empfänglichste gestimmt.

Wie erfreulich, wie schön fügte es sich, daß infolge der neuen Entdeckung sich doch nun auch die Juristen gestatten durften, mit den Andern für die in zauberhaftem Zwielicht schillernde Herrlichkeit der Vorzeit zu schwärmen! Nun konnten sie sogar einen stattlichen Rest derselben wieder in *unsere Zeit*, in *unser Recht* hineinträumen. Bis dahin hatte man das Recht für eine Schöpfung des kühl erwägenden Verstandes und obrig-

---

daß sie oft kein individuelles Bild geben, während ihr Stoff höchst individuell ist. Beispiele sind die schon angeführten Gesetze des Mittelalters, und wenn wir die zwölf Tafeln ganz vor uns hätten, würden wir vielleicht nur in geringerem Grade etwas Ähnliches empfinden. In *sinkenden* Zeiten dagegen fehlt es meist an allem, an Kenntnis des Stoffs wie an Sprache. Also bleibt nur eine *mittlere* Zeit übrig, diejenige, welche gerade für das Recht, obgleich nicht notwendig auch in anderer Rücksicht, als *Gipfel* der Bildung gelten kann. Allein eine solche Zeit hat für sich selbst *nicht das Bedürfnis eines Gesetzbuchs*; sie würde es nur *verunstalten* können für eine folgende *schlechtere* Zeit, gleichsam *Wintervorräte sammelnd*. Zu einer solchen *Vorsorge* aber für *Kinder* und *Enkel* ist *selten ein Zeitalter aufgelegt*" (S. 25, 26). Diese Ausführungen sind besonders geeignet, einen deutlichen Einblick in die Art zu gewähren, wie *Savigny* in dieser berühmten Schrift argumentiert hat. Ich kann nicht verschweigen, daß mir diese Argumentationsweise sich durch eine Bequemlichkeit auszuzeichnen scheint, die ich für stärker als ihre Überzeugungskraft halte.

keitlicher Machtsprüche gehalten. Jetzt erfuhr man erstaunt und hoch erfreut, daß es einen viel dunkleren, geheimnisvollen Ursprung habe. Statt es für eine dem Volke aufgezwungene Erfindung menschlicher Klugheit halten zu müssen, durfte man es nunmehr als ein von höheren, unerforschlichen Mächten einbeschertes, „organisch" aus der unorganisierten Volksmasse, aus dem „Volksglauben", dem „Volksgeist", dem „Volkswillen", der „Volksüberzeugung" geheim und langsam herauswachsendes Gebilde erkennen und es erst so recht innig liebgewinnen. Damit war ein tiefer Herzenswunsch erfüllt. Und, wie so oft, wurde auch diesmal der Wunsch der Urheber des Gedankens, sogar eines der wichtigsten Grundgedanken einer ganzen ernsten, strengen Wissenschaft.

Und Wunder über Wunder! Auch nachdem der liebliche Traum der Romantik, schnell genug, verflogen war und ihre verschwommenen Bilder einem ruhigen, genau und scharf abwägenden Nachdenken hatten weichen müssen, blieb ihr doch gerade in der nüchternen Rechtswissenschaft noch fortwährend ein fester, breiter Platz gesichert.

Noch jetzt steht jene ganz dem Geiste der Romantik entstiegene Gewohnheitsrechtstheorie aufrecht da, obwohl es an vereinzelten Versuchen, sie ins Wanken zu bringen, nicht gefehlt hat und die praktischen Juristen nie recht gewußt haben, was mit ihr anzufangen und auszurichten sei, auch die Gelehrten selber über das Wesen des Gewohnheitsrechts durchaus nicht ins Klare kommen konnten. Gehen doch ihre Ansichten über die Hauptpunkte und die Durchführbarkeit dieser Quellentheorie, namentlich über die Frage, wie die Entstehung einer gewohnheitsrechtlichen Regel in Wirklichkeit vor sich gehe, ob sie, wie Puchta lehrt, schon durch die Volksüberzeugung allein entstehe und durch gewohnheitsmäßige Anwendung bloß kundgegeben werde, oder ob sie erst durch die letztere im Bunde mit jener Überzeugung zur Entstehung gelange, — wie die Existenz eines Gewohnheitsrechts beweisbar sei, wie es sich mit dem Erfordernis und dem Beweise der »opinio necessitatis«, der »diuturna consuetudo«, dem Reservat der „Rationabilität" verhalte, jetzt sogar noch viel weiter auseinander, als es schon beim Aufkommen dieser Theorie der Fall gewesen ist, so daß die Lehre vom Gewohnheitsrecht nunmehr verworrener und dunkler als je zuvor ist und nur noch lebhafter die Erinnerung an jenen wunderbaren, die Gedanken wirrenden Nachtgesang wachruft.

Dieses Unbestimmte, Dunkle, Ahnungsvolle ist es aber gerade, was der Gewohnheitsrechtstheorie trotz aller Uneinigkeit über die Einzelheiten doch eine so beständige große Anziehungskraft gesichert hat. Ihre Anziehungskraft stammt daher, daß diese Art von Auffassung der

Rechtsentstehung dem uns allen tief eingepflanzten Drange nach poetischer Gestaltung der Wirklichkeit in erfreulichster Weise entgegenkommt. Wenn er uns auch nicht mehr mit der Stärke wie zur Zeit der Romantik beherrscht, so bewährt er doch fortwährend eine Macht, der selbst Juristenseelen nicht ganz zu widerstehen vermögen.

Und es ist ja auch nur eine ganz natürliche Gefühlsreaktion, daß die Juristen, da sie sich zeitlebens mit Dingen beschäftigen müssen, welche ausschließlich den Verstand in Anspruch nehmen, sich lebhaft danach sehnen, ihre Gedanken bisweilen auch in das schönere, buntere Reich der Phantasie hinüberschweifen zu lassen. Von dieser Sehnsucht lassen sie sich denn auch, wie die außerordentlich stattliche Zahl dichterischer, zum Teil auch musikalischer Juristen von Goethe bis auf Kohler zeigt, recht oft außerhalb ihres Berufs hinreißen. Es liegt aber nahe genug, daß sie sich auch innerhalb des Bereichs ihres juristischen Denkens manchmal über die nüchterne, trübe Wirklichkeit emporschwingen zu können wünschen. Wie froh müssen sie daher darüber sein, daß ihnen eine für die gesamte Rechtsauffassung so gewichtige Lehre, wie die von den Rechtsquellen, in der poetisch verklärten Gestalt dargeboten wird, die ihr von der historischen Rechtswissenschaft verliehen worden ist!

Hiervon kann ich aus eigener Erfahrung sprechen.

Noch erinnere ich mich lebhaft des bezaubernden Eindrucks, den ich von der Gewohnheitsrechtstheorie, als ich mit ihr zuerst bekannt wurde, empfangen habe. Sie fesselte mich so stark, daß ich aufs festeste an sie glaubte. Das ist aber geschehen, obgleich ich diese Theorie niemals habe recht begreifen können.

Es ist mir von Anfang an unverständlich gewesen und immer unverständlich geblieben, wie das Recht unmittelbar aus dem „Volksglauben", der „Volksüberzeugung" oder dem „Volkswillen" hervorgehen könne. Schon von der Beschaffenheit des mit jenen Ausdrücken bezeichneten seelischen Zustandes des Volkes konnte ich mir nur eine sehr dunkle Vorstellung machen.

Es leuchtete mir zwar ein, daß in der Seele vieler Volksgenossen manche auf das Recht bezügliche Wünsche und Strebungen, manche Gedanken über das Rechtgemäße und Rechtswidrige entstehen, sich Empfindungen für das, was recht ist oder doch Recht sein solle, das Gerechte, regen. Es blieb mir aber völlig unklar, wie es denkbar ist, daß diese Gedanken und Gefühlsregungen der einzelnen Genossen des Gemeinwesens so vollständig miteinander übereinstimmen und ohne jede wechselseitige Verständigung, ohne jede Zusammenfassung und Läuterung durch eine zentrale Veranstaltung zu festen, das gesamte Volk erfüllenden einheitlichen Rechtsüberzeugungen erstarken, sich in ein so energisches, einheitliches Wollen umsetzen können, wie es zur Hervorbringung von Rechtsvorschriften, von allgemein verbindlichen, mit Rechtsnotwendigkeit ausgestatteten Anforderungen an das soziale Verhalten sämtlicher Volksgenossen erforderlich ist. Sollte dies denn wirklich ohne jede Mitwirkung der obrigkeitlichen Gewalt möglich sein, durch deren Walten die Volksmasse doch überhaupt erst zu einem rechtlich geordneten Gemeinwesen erhoben wird? Sollte die Staatsgewalt je darauf beschränkt gewesen sein, für die Durchführung des bestehenden Rechts zu sorgen, ohne auch einen Einfluß auf dessen Schaffung und Gestaltung zu haben? Konnte sie je der bloße Exekutor der ihr vom unorganisierten Volk fertig dargebotenen, von ihr unweigerlich als verbindlich hinzunehmenden Rechtsgebote sein?

Und selbst wenn hieran kein Anstoß zu nehmen wäre, wie haben wir uns den Weg vorzustellen, auf welchem die im Innern der Volksseele schlummernden, geheimnisvoll einmütigen Gedanken und Überzeugungen sich zu rechtsverbindlichen, das gesamte Volksleben gebieterisch beherrschenden Rechtsvorschriften gestalten oder doch als solche kundthun?

Es wurde mir zwar versichert, das geschehe eben durch

die Gewohnheit, durch die während langer Zeit fortgesetzte gleichmäßige Übung. Ist aber dadurch, daß ein bestimmtes soziales Verhalten gewöhnlich beobachtet wird, schon dargethan und sichergestellt, daß es ein rechtsnotwendiges ist und als rechtsnotwendig empfunden wird? Ist denn mit jeder sozialen Sitte die Überzeugung verbunden, daß ihre Befolgung rechtlich geboten sei? Ich hatte von Kindesbeinen an gar viele Unterweisungen über mein Verhalten zu meinen Mitmenschen erhalten und war gewöhnt, mich demgemäß zu benehmen, hatte auch beobachtet, daß sich meine Mitmenschen ebenso zu verhalten pflegen. Von recht vielen dieser Verhaltungsmaßregeln wußte ich aber, daß sie keine Rechtsregeln sind, daß, wenn ich sie nicht befolgte, z. B. einen mir bekannten älteren Herrn nicht grüßte, ich nicht vor Gericht zur Verantwortung gezogen werden könne. Und doch stand diesen Regeln eine starke opinio necessitatis zur Seite; oft genug hatte ich Gelegenheit gehabt, mich hiervon zu überzeugen, an mir selbst zu erfahren, wie richtig der alte Spruch: »Usus tyrannus!« ist.

Wie hebt sich aber nun wohl die spezifische juristische opinio necessitatis von dem Gebundenheitsgefühl ab, welches jeder Volkssitte eigen ist? Woran ist denn erkennbar, ob dieses Gebundenheitsgefühl die Stärke einer von der Staatsgewalt zu respektierenden, für die Gerichte verbindlichen Rechtsüberzeugung erhalten hat? Da die Gebote der Sitte ebenso regelmäßig, öfter sogar strenger als die Rechtsgebote beobachtet werden, so läßt uns das äußere, auf das Kennzeichen des üblichen, regelmäßigen Verhaltens, der Gewohnheit, abgestellte Kriterium völlig im Stich. Wir würden also lediglich darauf angewiesen bleiben, das Unterscheidungsmerkmal im Innern der Volksseele zu suchen. Wir würden, um wissen zu können, ob ein bestimmtes übliches soziales Verhalten bloß durch die Sitte erfordert, also in unser freies Belieben gestellt oder ob es rechtlich geboten ist, uns bloß zu fragen haben, welcher Stärkegrad der diesem Verhalten zu Grunde liegenden Volksüberzeugung oder Volkswillensregung beizumessen ist. Wer liefert uns aber einen solchen Seelenmesser?

Um aus allen diesen Zweifeln herauszukommen, unternahm ich es als wissensbegieriger Student, mein eigenes, mir trotz der Schwierigkeit des »γνῶθι σεαυτόν!« doch nicht ganz unbekanntes Innere aufs gewissenhafteste zu prüfen.

Auch ich gehörte doch zum Volke, auch ich hatte einen, wenn auch noch so bescheidenen Anteil an der Volksseele. Aber ich konnte in mir nur äußerst schwache Ansätze zu Rechtsüberzeugungen, nur sehr dunkle Ahnungen von dem, was als Recht gelte oder gelten solle, entdecken. Besonders schlecht war es bei mir mit der opinio necessitatis bestellt. Darüber, ob etwas, was üblich war, auch rechtsnotwendig sei, war ich öfters ganz im Dunkeln.

Die eigenen Rechtsgedanken, mit denen ich die Universität bezog und mich auch dann noch einige Zeit behelfen mußte, bestanden in ein paar sehr unsicheren strafrechtlichen Vorstellungen, die überdies nicht viel mehr als dumpfe Nachklänge der ins Rechtsgebiet hinüberspielenden, jedenfalls nicht aus der deutschen Volksseele stammenden Zehn-Gebote waren, außerdem aus einigen noch dürftigeren, aus dem elterlichen Hause mitgebrachten Privatrechtsvorstellungen, etwa über ungefähre Erbanwartschaften oder über die Rechte der Wohnungsvermieter, z. B. daß sie unter Umständen ein Exmissionsrecht haben, daß wir Kinder in Rücksicht auf den Vermieter keine Tapeten abreißen oder bemalen durften. Auch wurden mir bald durch das Universitätsleben einige Gedanken über die Verpflichtungen aus dem, mir jedoch unter einem andern, weniger feierlichen Namen bekannten Gelddarlehnsgeschäft nahegelegt, auch über die Bedeutung des Wechsels, wobei sich indessen mein Anteil an der wechselrechtlichen Volksüberzeugung auf die erfreuliche Anwartschaft beschränkte, je zum Ersten des Monats einen „Wechsel“ von meinem Vater geschickt zu bekommen, u. dergl. Eine Überzeugung, ja nur eine Ahnung davon, was bezüglich der unübersehbar großen Masse von Fragen größerer Erheblichkeit und Schwierigkeit rechtlich gelte oder gelten solle, vermochte ich trotz tiefen Nachgrübelns in mir nicht zu entdecken.

Und ich fand das auch gar nicht verwunderlich. Denn ich erwartete ja eben, in alle jene Geheimnisse erst von meinen verehrten Rechtslehrern eingeweiht zu werden, und war auch sehr geneigt und ganz bereit dazu, mir ihre Rechtsüberzeugungen gläubig anzueignen. Hatte denn aber, frug ich mich weiter, mein Institutionen- und Pandektenprofessor seine Rechtsüberzeugungen aus dem innersten Borne der Volksseele geschöpft? Nach dem Vielen, Langen und Breiten, was ich im Kolleg über das jus scriptum, die altrömischen leges, die Senatusconsulta, die constitutiones principum zu hören bekam, aus denen allmählich das Recht des corpus juris civilis und dann der größte Teil unseres Rechts entstanden sein sollte, konnte ich doch füglich selbst diese Frage nicht bejahen und vollends nicht daran glauben, daß unser auf solche Weise entstandenes, dem deutschen Volke meistenteils von den Gelehrten aufgezwängtes Recht aus unserer Volksseele stamme.

Ich kam aber auch noch auf ein ganz anderes Bedenken. Es wollte mir durchaus nicht gelingen, zu verstehen, was es eigentlich mit der geschichtlichen Entwickelung des Rechts auf sich habe, die mit dem Gewohnheitsrecht in so innigem Zusammenhange stehen soll, daß gerade diese Rechtsquelle als ein Hauptfaktor jener Entwickelung gilt.

Dem Anteil an der rechtlichen Volksüberzeugung, über den ich zu verfügen hatte, lief es schnurstracks zuwider, daß das Gewohnheitsrecht zur Rechtsentwickelung, zur Abänderung bestehender Rechtsvorschriften irgend etwas beitragen könnte. Es schien mir vielmehr bloß dazu angethan zu sein, solche Änderungen auszuschließen, die Rechtsentwickelung zum ewigen Stillstand zu verurteilen.

Besteht denn das Wesen der Gewohnheit, ihre heilsame sowohl wie ihre lähmende Kraft nicht eben darin, daß sie ein abweichendes Verhalten, eine Änderung des bisherigen Zustandes verhindert? Und müßte dies nicht in noch viel stärkerem Grade vollends von den zum Gewohnheitsrecht erstarkten Gewohnheiten gelten? Wir sind doch an die sämtlichen bestehenden Rechtsvorschriften, die gewohnheitsrechtlichen wie die gesetzlichen, gebunden; die Gerichte sind aufs strengste verpflichtet, sie anzuwenden und über ihre Befolgung zu wachen. Die Beseitigung einer geltenden Rechtsvorschrift durch Gewohnheitsrecht, das Aufkommen eines den bestehenden Rechtszustand irgendwie abändernden Gewohnheitsrechts wäre daher nur infolge einer schnöden, frechen Auflehnung gegen die Verbindlichkeit der bestehenden Rechtsordnung möglich. Und zwar hätte es nicht bei einem einmaligen Rechtsbruch sein Bewenden. Es wären viele, längere Zeit hartnäckig fortgesetzte Rechtswidrigkeiten der Beteiligten wie auch der zur Anwendung und zum Schutze des geltenden Rechts berufenen Richter erforderlich. Das wäre nicht eine auf rechtlich geordnetem oder auch nur erlaubtem Wege vor sich gehende Fortbildung, sondern ein rechtswidriger Umsturz der Rechtsordnung. Wäre die Rechtsquellentheorie der historischen Rechtswissenschaft richtig, so müßten wir der Gewohnheit auf dem Rechtsgebiet statt der von ihr sonst überall bethätigten konservierenden, retardierenden Kraft eine zerstörende, revolutionäre zuschreiben!

Alle diese Bedenken, die schon in jenen jungen Jahren, freilich noch nicht in der bestimmten Form, welche sie jetzt angenommen haben, in mir aufzusteigen begannen, waren aber doch nicht im stande, gegen den tief sympathischen Gesamteindruck aufzukommen, den die Gewohnheitsrechtstheorie auf mich machte. Ich entsinne mich noch ganz deutlich, daß hierbei nicht etwa das ehrfürchtige Vertrauen auf die berühmten Urheber und Anhänger dieser Lehre den Ausschlag gegeben hat. Ich fühlte mich zu ihr von Herzen, durch ein alle Verstandeseinwendungen unwiderstehlich zurückdrängendes Gemütsbedürfnis hingezogen.

Das Recht war mir anfangs als ein so abschreckend dürres Verstandesprodukt vorgekommen, daß ich schon im Begriff stand, mich von der Jurisprudenz ab- und einer von frischerem Leben erfüllten, anschaulicheren Wissenschaft zuzuwenden, etwa der so viel schöneren Kunstgeschichte, die eben damals neu emporstrebte. Da gelangte ich auf der mühseligen Wanderung durch die Wüste der kahlen Rechtsdefinitionen und ausgeklügelten Rechtskonstruktionen doch auf mehrere verlockende, in voller Frische prangende Oasen, die von der historischen Rechtswissenschaft liebevoll bepflanzt und gepflegt waren, und zauderte nicht, namentlich aus der erquickenden Quelle, die ich auf der größten und schönsten dieser Oasen antraf, aus der Quelle des Gewohnheitsrechts meinen Durst in vollen Zügen zu löschen. Ich blieb der Jurisprudenz erhalten!

Der Zauber, den die Lehre vom Gewohnheitsrecht von Anfang an auf mich ausgeübt hatte, beherrschte mich noch lange Zeit, noch Jahrzehnte hindurch. Es kam ihr wohl auch bei mir jene, die Juristen in besonders hohem Maße auszeichnende Eigenschaft zu Hilfe, welche in der Physik als vis inertiae bezeichnet zu werden pflegt, von den Juristen selber aber lieber als eine ihnen wohlanstehende konservative Gesinnung gerühmt wird. Als ich aber später mich bemühte, das gesamte Wesen des Rechts klarer und tiefer, als es mir gelehrt worden war, zu erkennen und zu diesem Zwecke namentlich auch über das für diese Erkenntnis so außerordentlich wichtige Problem der Rechtsentstehung genauer und schärfer nachdachte, wurde ich an der Gewohnheitsrechtstheorie doch immer entschiedener irre, bis ich mich endlich vollständig von ihr lossagte.

Die Gründe, die mich hierzu bestimmt haben, erlaube ich mir, obgleich eine solche Erörterung sich nicht ganz harmonisch in die Grundstimmung der meisten meiner übrigen brieflichen Expektorationen einfügen will, im Folgenden wenigstens andeutungsweise zu entwickeln.

Ich unternehme das um so lieber, weil ich dadurch Gelegenheit erhalte, trotz des Widerspruchs gegen die speziell auf das Gewohnheitsrecht abzielenden Spekulationen der historischen Rechtswissenschaft mit Entschiedenheit hervorzuheben und dankbarst anzuerkennen, daß und in welcher Richtung die Grundgedanken der von der historischen Schule entwickelten Rechtsquellentheorie dennoch unsere Einsicht in das Wesen des Rechts und der Rechtsbildung in der hervorragendsten Weise gefördert haben.

Die Gewohnheitsrechtstheorie beruht auf der stillschweigenden Voraussetzung, daß auch das nichtgesetzliche

Recht, eben jenes Recht, welches man als Gewohnheitsrecht zu bezeichnen pflegt, aus Rechtsregeln bestehe. Man nimmt es als etwas selbstverständlich Richtiges an, daß, auch bevor das Recht gesetzlich geregelt war, doch schon ebenfalls Rechtsregeln, Rechtsvorschriften von so abstrakter Beschaffenheit, Rechtsbestimmungen, Rechtsgebote, Rechtsverbote von ebenso allgemeiner, über den einzelnen Rechtsfall hinausreichender Bedeutung bestanden haben, wie sie bestehen, seit wir in einem gesetzlich geregelten Rechtszustand leben. Statt durch eine förmliche Erklärung der Staatsgewalt seien diese Rechtsbestimmungen damals aber unmittelbar aus dem „Volk", aus dem Volksglauben, dem Volksbewußtsein, dem Volkswillen hervorgegangen und ohne jede sanktionierende Mitwirkung der obrigkeitlichen Gewalt zu rechtsverbindlicher Kraft gelangt.

Wie hat man sich aber dieses Hervorwachsen genereller Rechtsgedanken und Rechtsbestimmungen aus dem geheimnisvollen Innern der Volksseele vorzustellen? Traut man nicht dem Volke, indem man voraussetzt, es habe in jenen Zeiten die Fähigkeit und die Lust, so generell juristisch zu denken und zu wollen, zuviel zu? Viel mehr, als es heutzutage leistet und zu leisten fähig und gewillt ist? Denkt sich denn das Volk etwa jetzt Rechtsregeln, Rechtsbestimmungen aus, durch welche für alle möglichen zukünftigen Rechtsangelegenheiten allgemein vorgesorgt wird? Regt sich das Rechtsgefühl, die Rechtsüberzeugung, der Rechtswille bei den Leuten aus dem Volke nicht erst aus Anlaß einzelner Fälle und in spezieller Richtung auf sie? Wird nicht Jedermann, auch der Gebildetste, außer wenn ihn sein Beruf auf den Erwerb und die Pflege von Rechtskenntnissen hinweist oder eine ganz außerordentliche Veranlassung oder Liebhaberei begierig auf abstrakte Rechtsbelehrung macht, erst durch besondere Erlebnisse, gewöhnlich erst durch bestimmte Konflikte, in welche er selbst mit Andern gerät, dazu gebracht, sich zu fragen, was nun in diesem Falle Rechtens ist oder Rechtens sein soll? Und pflegt man sich nicht gern dabei zu begnügen, daß man weiß oder erfährt, wie eben dieser einzelne Fall rechtlich zu beurteilen ist?

Sollte in jenen alten Zeiten das Volk wirklich so ganz anders geartet, so viel vorsorglicher auf die Zukunft bedacht, um so viel mehr zum abstrakten, sich über das individuelle Interesse erhebenden Denken geneigt gewesen sein, als das heutige? Und selbst wenn wir annehmen wollten, daß viele, ja selbst daß alle Männer aus dem Volke ein so kontemplatives Wesen gehabt hätten, daß sie sich ohne den Drang der Not, in welche sie jeweils durch den Kampf um ihre eigenen einzelnen Rechte versetzt wurden, dazu gekommen wären, uneigennützigerweise über das Recht im allgemeinen, über abstrakte Rechtswahrheiten und Rechtsbestimmungen nachzudenken, wie wäre es verständlich, daß sie alle einer Meinung, eines Willens gewesen wären? Wie schön wäre es, wenn die Volksgenossen heutzutage in solcher Harmonie lebten, wenn ein so paradiesischer Zustand noch jetzt bestände! Sollten die Völker grauer Vorzeit vor den heutigen außer der viel stärkern Neigung zum interesselosen abstrakten Denken auch noch gar die Tugend vollständiger Einmütigkeit, süßester Eintracht vorausgehabt haben?

Oder hat etwa schon dazumalen innerhalb der unorganisierten Volksmenge das Majoritätsprinzip gegolten? Aber wie hätte denn die Majorität ermittelt werden sollen? Wie hätte man sich darüber vergewissern können, welche der mehreren Rechtsansichten oder Rechtstendenzen die Mehrheit der Stimmen für sich habe, wie also je wissen können, was wirklich als Recht gelte, welche Rechtsgebote zu befolgen seien? Durch geheime Seelenabstimmung?

Sehen wir genauer zu, so zeigt sich, daß dem Vertrauen, welches die historische Rechtswissenschaft in die Rechtsproduktionskraft der unorganisierten Volksmasse setzt, eine Vorstellung zu Grunde liegt, die genau auf denselben Irrtum hinausläuft, auf welchem die Theorie vom contrat social beruht. Hier wie dort der Glaube an eine mysteriöse Ergriffenheit des unorganisierten Volkes von einem einheitlichen Impulse, durch den es zu dem Entschluß gedrängt wird, sich einer von ihm selbst geschaffenen Rechtsordnung zu unterwerfen! Die historische Rechtswissenschaft hat diesen Glauben nicht bloß von der ihr so stark verhaßten Naturrechtsdoktrin — selbstverständlich ohne sich seiner Herkunft bewußt zu sein — vollständig acceptiert. Sie hat ihn sogar in noch viel ausgedehnterem Maße gehegt und gepflegt, als es von der Naturrechtslehre geschehen war.

Rousseau's Lehre vom contrat social hatte sich damit begnügt, das unorganisierte Volk sich bloß einmal zu einem so wunderbar einmütigen Rechtsproduktionsakt aufraffen zu lassen, bloß um, nachdem es seines rechtlich völlig ungeordneten Zustandes endlich satt und leid geworden war, überhaupt zu einer Rechtsordnung, zu einem Staatswesen zu gelangen. Der contrat social war ein einmaliger Staatskonstituierungsakt. Nachdem der Staat geschaffen war, sollte sich das Volk nicht mehr weiter selber unmittelbar mit der Hervorbringung von Rechtsvorschriften befaßt, sondern die Fürsorge für den Ausbau der Rechtsordnung ausschließlich der Staatsgewalt überlassen haben und ihm nur das Recht vorbehalten bleiben, die von ihm frei gewählte Staatsverfassung auch selber wieder aufzuheben, durch eine andere zu ersetzen. Hierbei ist aber die historische Rechtswissenschaft, als sie die Gewohnheitsrechtstheorie aufstellte, nicht stehen geblieben. Sie nimmt an, daß das unorganisierte Volk, auch nachdem es zu einem Staatswesen gelangt sei, doch noch fortwährend unmittelbar selbst, ohne Mitwirkung der Staatsgewalt mit der Hervorbringung von Rechtsvorschriften, mit dem weiteren Ausbau der Rechtsordnung beschäftigt geblieben und hierzu im stande gewesen sei!

Dieses überraschende Zusammentreffen der historischen Rechtswissenschaft mit der von ihr so sehr verachteten und heftig befehdeten Naturrechtsspekulation in einer der wichtigsten Grundlehren und zwar gerade in einer Irrlehre derselben, welche die Geister im achtzehnten Jahrhundert und darüber hinaus in unheilvollster Weise verwirrt hat, ist nur ein neuer Beleg für die schon öfter gemachte Wahrnehmung, daß die historische Rechtswissenschaft keineswegs so völlig, wie sie vermeinte, aus dem Bannkreise der Naturrechtsanschauungen herauszutreten vermocht hat. Freilich liefert die Gewohnheitrechtstheorie hierfür den hervorragendsten Beleg! Selten ist die Ironie, die so oft in der Wissenschaftsentwickelung waltet, stärker hervorgetreten, als darin, daß die historische Rechtswissenschaft ganz unversehens dazu gekommen ist, gerade eine ihrer allerwichtigsten Grundlehren auf ein Fundament zu stellen, welches ihr heimlich von ihrer ärgsten Feindin untergeschoben war.

Ich glaube aber, daß es der historischen Rechtswissenschaft nicht bloß gegenüber der Naturrechtsdoktrin so mißlich ergangen ist. Auch durch das von ihr nicht minder stark befehdete Gesetzesrecht hat sie sich irreführen lassen. Auch von ihm hat sie sich unversehentlich einen Grundstein zum Aufbau der Gewohnheitsrechtstheorie liefern lassen und zwar einen falschen, wenigstens einen solchen, der für diese Theorie garnicht brauchbar, sondern nur eben für das Gesetzesrecht selber geeignet war.

Die der Gewohnheitsrechtstheorie zu Grunde liegende Voraussetzung, es habe schon in der gesetzeslosen Zeit ein rechtlich geregeltes Gemeinleben bestanden, beruht auf einer Supposition, die nur daher stammt, daß eine Vorstellung vom Recht, die man sich von dem späteren, gesetzlich geregelten Rechtszustande her gebildet hat, infolge einer voreiligen Generalisierung auch in die Vorzeit, in das nichtgesetzliche Recht, das sogenannte Gewohnheitsrecht hineindenkt. Wenn auch alles Gesetzesrecht ein durch Rechtsregeln geordnetes Recht ist, so ist es deshalb doch noch nicht ausgemacht, daß diese Beschaffenheit auch schon jenem früheren, noch nicht durch die Gesetzgebung normierten Rechtszustand imputiert werden müßte. Ist es denn nicht möglich, ist es nicht sogar wahrscheinlicher, daß jener Rechtszustand nicht bloß gesetzlich ungeregelt, sondern noch überhaupt nicht geregelt gewesen ist, daß er vielmehr bloß von Fall zu Fall durch Rechtsentscheidungen der richtenden Obrigkeit, sei es eines über das Volk gebietenden einzelnen Herrschers, sei es einer auf andere Weise organisierten richterlichen Behörde aufrecht erhalten wurde, ohne daß über diesen einzelnen Rechtssprüchen schon ein System genereller Rechtsvorschriften, schon ein in Rechtsregeln bestehendes Recht gestanden hätte?

Sind etwa jene von der Nachwelt so höchlich bewunderten richterlichen Entscheidungen, welche in jenen Zeiten von weisen Herrschern gefällt worden sind, z. B. das berühmte Maternitätsurteil des Königs Salomo, auf Grund und gemäß einer bereits bestehenden, für dergleichen Fälle generell vorsorgenden rechtsverbindlichen Regelvorschrift ergangen? Waren sie aber nicht, obwohl es sicherlich an einer solchen Vorschrift fehlte, trotzdem doch Rechtsentscheidungen? Existierte deshalb, weil es noch keine über den richterlichen Urteilen stehenden Rechtsregeln gab, überhaupt noch kein Recht? Lebte man damals rechtlos? Wer möchte diese Frage zu bejahen wagen?

Wie unvollkommen, wie unfertig uns jetzt ein solcher Zustand im Vergleich mit unserm durch gesetzliche Regeln geleiteten und gesicherten Rechtszustande erscheinen mag, so ist er doch nichtsdestoweniger ebenfalls schon ein Rechtszustand gewesen.

Es fehlte schon damals nicht an dem Minimum, welches zu einer rechtlichen Ordnung des Gemeinlebens erforderlich ist. Denn es existierte bereits eine obrigkeitliche Autorität, welche den an das Verhalten der Genossen des Gemeinwesens zu stellenden, zur Aufrechterhaltung der sozialen Ordnung unerläßlich erscheinenden Anforderungen Nachachtung zu verschaffen wußte, indem sie, wenn die Rechtsgenossen sich nicht friedlich miteinander vertrugen, die Streitenden mit ihren Ansprüchen jeweils in die jenen Anforderungen entsprechenden Grenzen verwies und ihren Anweisungen Gehorsam zu verschaffen auch die Macht hatte. Obwohl jene Anforderungen noch nicht generell prämeditiert und sanktioniert waren, also die von den richtenden Behörden gefällten Urteile noch nicht auf Rechtsregeln beruhten, so waren sie doch rechtmäßige, zum Zweck des Rechtsschutzes gefällte Entscheidungen. Freilich nicht solche, wie sie der Richter heutzutage auf Grund der ihm vom Gesetz verbindlich vorgeschriebenen allgemein gültigen Rechtsregeln, durch Subsumtion des einzelnen Falles unter Rechtsregeln fällt. Aber die ohne solche generelle Anweisung urteilende richterliche Staatsgewalt erließ doch auch schon damals ihre Entscheidungen nur in dem Sinne, daß sie den Postulaten zu entsprechen suchte, welche ihr zur Aufrechterhaltung der für das Gemeinleben erforderlichen Ordnung als geboten m. a. W. als rechtsnotwendig erschienen. Dem Richter waren damals seine Entscheidungen zwar noch nicht von oben her, noch nicht durch eine Staatsveranstaltung vorgezeichnet, welche vorsorglich auf die feste zentrale Regelung des Rechtszustandes bedacht gewesen wäre. Aber er schöpfte seine Entscheidungen doch aus seinem Rechtsgefühl, aus eben dem Borne, aus welchem später auch die allgemein rechtsordnende, die gesetzgebende Staatsgewalt ihre Bestimmungen holt.

Auch in jenen gesetzeslosen oder an Gesetzen armen Zeiten durfte die richtende Obrigkeit, wenn sie nicht das Verderben des Gemeinwesens heraufbeschwören und ihre eigene Existenz aufs Spiel setzen wollte, nicht ganz willkürlich schalten und walten; sie war darauf angewiesen, regelmäßig auf eine gerechte Entscheidung gewissenhaft bedacht zu sein. Die Rechtspflege stand damals zwar noch nicht unter der Leitung klar durchdachter, fest ausgeprägter genereller positiver Rechtsvorschriften, aber doch im Dienste der Gerechtigkeit. Sie diente der Gerechtigkeit sogar noch unmittelbarer, reiner, inniger, als jetzt, nachdem sich zwischen das Gerechtigkeitsideal und den Richterspruch längst feste, die freien Regungen des richterlichen Gerechtigkeitsgefühls vielfach zurückdrängende

Schranken geschoben haben. Und dabei war, da die gleichmäßige rechtliche Beurteilung gleichgearteter Fälle eines der ersten Postulate der Gerechtigkeit ist, auch zugleich dafür gesorgt, daß die Rechtsprechung nicht allzu unstet hin und her schwankte. Der gesetzeslosen Zeit fehlte es schon aus diesem Grunde auch nicht an dem zur Herstellung eines Rechtszustandes erforderlichen mindesten Grade von Festigkeit und Gleichmäßigkeit, obwohl natürlich die Gefahr zeitweiliger Erschütterungen um vieles größer als unter der Herrschaft des Gesetzesrechts war.

Der gesetzeslose Rechtszustand hatte aber auch noch einen anderen, festeren Halt als das rein subjektive Rechtsgefühl der richtenden Obrigkeit.

Das Gerechtigkeitsideal, welches dem Richter bei seiner nicht von gesetzlichen Regeln eingeengten Rechtsprechung vorschwebte, war so wenig wie das, welchem sich die Gesetzgebung bei der Aufstellung ihrer Rechtsregeln anzunähern strebt, das einer *absoluten*, überall gleichen, über allen Völkern und Zeiten unveränderlich waltenden, hoch über aller irdischer Beschränktheit thronenden Gerechtigkeit, sondern einer solchen, wie sie sich in der Seele des Richters unter dem Einfluß der damaligen *Zeit- und Volksverhältnisse* abspiegelte. Wie dieses Abbild sich gestaltete, hing allenthalben von den besonderen Anlagen, Bedürfnissen, Strebungen, *Gewöhnungen* derjenigen

Menschheitsgruppe ab, aus welcher der Richter selber hervorgegangen war und für deren wohlgeordnetes, förderliches Zusammenleben und Zusammenwirken er zu sorgen hatte. Die Rechtsprechung ließ sich daher regelmäßig ganz überwiegend von dem Rechtsgefühl der Volksgenossen leiten, wie es sich in ihrem gewöhnlichen Verhalten zu einander ausprägte. So verfehlt die Annahme ist, daß die Volkssitte unmittelbar aus dem Volke heraus, bloß durch die „Volksüberzeugung" oder den „Volkswillen", ohne jede Sanktion der Staatsgewalt hätte zu einer rechtsverbindlichen Ordnung des Gemeinlebens erstarken können, so ist doch aufs entschiedenste anzuerkennen, daß sie mittelbar ein höchst einflußreicher Faktor für die Gestaltung und Befestigung des Rechtszustandes gewesen ist. Die richtende Staatsgewalt hielt sich, ohne rechtlich hierzu verbunden zu sein, doch thatsächlich meistens mit der Volkssitte im Einklang[1]. Ein beträchtlicher Teil

---

[1] Stärker als irgendwo sonst haben die im Volke vorwaltenden Überzeugungen von den an die Volksgenossen nach Maßgabe der Volkssitte zu stellenden Anforderungen in der Rechtsprechung zum Durchbruch kommen müssen, wenn die Urteilsfällung so ganz in die Hand der Volksgemeinde gelegt war, wie durch die alte deutsche Gerichtsverfassung. Aber auch hier hat erst die als Gericht konstituierte Gemeinde, nicht schon das unorganisierte Volk, zu erkennen und zu bestimmen gehabt, welche Gewohnheiten von solcher Bedeutung für das Gemeinwesen waren, daß sie rechtlichen Schutz verdienten. Erst durch die Rechtsprechung des „gehegten" Gerichts wurde eine Auslese des rechtsverbindlichen und

der Volksgewohnheiten wurde von den Richtern des

---

rechtsschutzbedürftigen Kerns der *Volkssitte* vorgenommen, erst durch den Spruch des Gerichts wurde jeweils zur Entscheidung gebracht, ob einer Gewohnheit wirklich die Überzeugung von ihrer Rechtsnotwendigkeit, eine opinio necessitatis zur Seite stand. Die Entscheidung hierüber fand nicht im Innern des Volksgeistes statt, sie ging nicht in der geheimnisvollen Weise vor sich, daß die unorganisierte Volksmenge einmütig von einer und derselben abstrakten Rechtsüberzeugung ergriffen worden wäre und das Gericht dann gerade so, wie jetzt der Richter das Gesetzesrecht zu befolgen verpflichtet ist, das von der Volksmenge bereits fertig hergestellte Gewohnheitsrecht einfach *anzuwenden* gehabt hätte. Die Entscheidung erfolgte erst von Fall zu Fall durch den *rechtsförmlichen Spruch* des *Volksgerichts*; die Richter hatten das Recht erst im einzelnen Fall und bloß für den einzelnen Fall aus dem Vielen, was, ohne rechtsverbindlich zu sein, herkömmlich war, *herauszufinden* und förmlich *herauszustellen*. Daß die alten deutschen Volksgerichte hierbei die Grenze zwischen der freien und der rechtsverbindlichen Sitte nicht immer scharf genug gezogen haben, sondern vieles Herkömmliche, was keinen Rechtsschutz verdient hätte, mit dem Stempel des Rechts versahen, hat m. E. hauptsächlich dazu beigetragen, daß es dem alten deutschen Recht an der Klarheit und Schärfe fehlt, welche dem nicht aus einer so freien, sondern frühzeitig durch feste Staatsveranstaltungen streng geleiteten Volksjustiz hervorgegangenen altrömischen Recht eigen gewesen ist. Einen besonders deutlichen Einblick in diese Schwäche des alten deutschen Rechts gewähren viele der damals von den Gerichten als rechtsverbindlich behandelten poetisch verklärten Gebräuche unserer Vorfahren, die in der schönen, tiefsinnigen Abhandlung von *Jacob Grimm* „Von der Poesie im Recht" in der Zeitschr. f. geschichtl. Rechtsw., Bd. 2 S. 25 ff. uns vorgeführt werden, wohl dem vollendetsten Denkmal des innigen Bundes zwischen Rechtswissenschaft und Romantik. — Daß man im Anfange des neunzehnten Jahrhunderts kein Verständnis für die notwendige Mitwirkung der Staatsgewalt zur Schaffung des sog. Gewohnheitsrechts gewinnen konnte, hängt eng mit der damals vorherrschenden weltbürgerlichen, politisch unreifen Weltanschauung zusammen. Es wirkte in dieser Richtung, wie bereits gezeigt wurde, überdies noch die Naturrechtslehre, insbesondere die Theorie vom contrat social nach.

Rechtsschutzes für bedürftig und würdig erkannt und daher von Fall zu Fall mit dem Stempel der Rechtsanerkennung, mit der Sanktion der Staatsgewalt versehen.

Daß wir aber wissen, wie sehr überhaupt die Rechtsgestaltung von der Eigenart, dem gesamten Kulturstande, den besonderen Anlagen, Neigungen, Schicksalen und Gewöhnungen der einzelner Völker abhängt, ist eine Erkenntnis, welche uns erst von der historischen Rechtswissenschaft errungen worden ist. Hiermit sind unsere Betrachtungen an den Punkt gelangt, von welchem aus es möglich und geboten ist, die Leistungen der historischen Schule freudigst anzuerkennen und zu bewundern, wenn wir uns auch mit der Art, wie sie jenen Grundgedanken in ihrer Gewohnheitsrechtstheorie zur Ausprägung gebracht und vollends wie sie die Rechtswissenschaft mit ihren übertriebenen Ansprüchen überflutet hat, nicht einverstanden erklären können.

Der nicht hoch genug zu schätzende und zu rühmende Fortschritt unserer gesamten Rechtserkenntnis, den wir den Bestrebungen der vornehmlich von Savigny ins Leben gerufenen historischen Rechtswissenschaft verdanken, liegt darin, daß uns erst durch sie gegenüber der früheren äußerlichen Auffassungsweise der tiefe Zusammenhang zum vollen Bewußtsein gebracht worden ist, in welchem die Entstehung und Entwickelung des Rechts mit der Gesamtheit aller der vielgestaltigen, das Leben der verschiedenen Völker eigenartig beeinflussenden Faktoren steht und daß unter diesen Faktoren die Volksgewohnheit einen hervorragenden Platz einnimmt.

Noch bis in den Anfang des neunzehnten Jahrhunderts wurde das jeweilig bestehende Recht allerseits für ein Produkt gesetzgeberischer Willkür oder bestenfalls als ein Niederschlag ewig gleicher, von den besonderen nationalen und geschichtlichen Vorbedingungen losgelöster oder doch loszulösender Vernunftgebote gehalten. Dank den Lehren der historischen Schule wissen wir jetzt, daß die Beschaffenheit einer jeden Rechtsordnung von Grund aus abhängig ist von den besondern geschichtlichen und national eigentümlichen Vorbedingungen, unter denen sie entsteht, — daß das Recht jedes Volkes wie sein gesamtes Leben ein weit in die Vergangenheit zurückreichendes kontinuierliches Ganzes ist, — daß unser gegenwärtiges Recht nur ein im Verhältnis zur Dauer des ganzen Volkslebens sehr kurzes Ruhestadium des aus fernen Zeiten herstammenden wechselvoll dahinflutenden Stromes der Rechtsbildung darstellt und daß alles Recht, auch das Gesetzesrecht von dieser Strömung getragen, von Rechtsgedanken und -strebungen erfüllt ist, die uns von unseren Vorfahren überliefert sind,' — daß daher alle Rechtsbildung zumeist tief in der Volkssitte, in altem Volksherkommen wurzelt, — wie irrig es also ist, das Recht für eine ganz willkürliche gesetzgeberische Erfindung oder für ein Erzeugnis reiner Vernunftspekulation zu halten.

Diese große und doch, wie es gerade den am schwersten zu entdeckenden Grundwahrheiten eigen zu sein pflegt, so einfache Wahrheit klar erkannt, voll Begeisterung eindringlichst verkündet und zu unserm unverlierbaren Besitztum gemacht zu haben, ist ein unvergängliches Verdienst der historischen Rechtswissenschaft. Es ist ihr um so höher anzurechnen, weil gerade in der Zeit, in der sie aufkam, eine Philosophie herrschte, die weit davon entfernt war, der Rechtswissenschaft den Weg zu einer solchen Erkenntnis zu weisen oder sie auch nur auf demselben zu begleiten. Die Philosophie, der es doch gewiß nahe genug gelegen hätte, sich mit dieser Grundfrage der Menschheitsentwickelung ernstlichst zu beschäftigen, verfolgte damals zum allergrößten Teil eine Richtung, die von der Ergründung, ja auch nur der Beachtung solcher Wahrheiten weit abführte. Statt den historischen Thatsachen sorgsam nachzuspüren und Rechnung zu tragen, gab sie sich lieber kühnen Spekulationen hin, um, erhaben über die Schranken von Zeit und Raum, absolute Wahrheiten zu entdecken, so daß sie bei der Betrachtung des Rechtswesens nicht weniger, nur auf anderm, nicht so kühl verstandesmäßigem

Wege, wie die Naturrechtsphilosophie des achtzehnten Jahrhunderts, dem Phantom eines absoluten Vernunftrechts nachjagte.

Daß sich die Rechtswissenschaft von dieser Strömung des gesamtwissenschaftlichen Denkens nicht hat mit fortreißen lassen, sondern vielmehr den Kampf gegen sie kräftig aufgenommen hat, ist ein unvergänglicher Ruhmestitel der historischen Rechtsschule. Sie hat dadurch nicht bloß eine große Selbständigkeit gezeigt. Indem sie, statt sich in jene überirdische Regionen zu verirren, festen Boden in der wirklichen Gestaltung des Menschenlebens zu fassen strebte und den Grundgedanken der national-gegliederten Menschheitsentwickelung an die Spitze der gesamten Erkenntnis des Rechtswesens stellte, hat sie mehr als bloße Widerstandskraft bewiesen: sie hat eine außerordentliche Sicherheit und Tiefe wissenschaftlicher Intuition, eine bewundernswerte Produktionskraft bewährt.

Die historische Rechtswissenschaft hat diesen Gedanken zwar nicht zuerst ausgedacht. Aber sie ist in der energischen Erfassung, sorgfältigen Durchführung und liebevollen Pflege dieses Grundgedankens allen andern Wissenschaften als Führerin vorangegangen., so daß sie dadurch auch in die Philologie und selbst in die gesamte Geschichtswissenschaft eine Fülle neuer Anregungen hineingebracht hat. Diesem Grundgedanken verdankt die Rechtswissenschaft, daß sie sich rühmen darf, die erste praktische, dem gegenwärtigen Leben zugewandte Wissenschaft zu sein, in welcher der entwickelungsgeschichtliche Gedanke zum vollen Durchbruch und zu fruchtbarer Verwertung gelangt ist, lange bevor er sich in der Naturwissenschaft Bahn zu brechen vermocht hat, eine Bahn, auf der diese sich ja auch jetzt noch erst zögernd zurechtzufinden bemüht. Und namentlich sollte es der historischen Rechtsschule auf immer unvergessen bleiben, daß sie zu einer Zeit, als die Naturwissenschaften sich nur erst stellenweise der gründlichen, sorgfältigen Thatsachenerforschung zugewandt hatte, diese mühevolle, entsagungsreiche Arbeit, in welcher ihr bloß die Philologie in dankenswertester Weise vorangegangen war und hilfreich zur Seite gestanden hat, bereits mit voller Kraft für ihr ganzes Gebiet unternommen und rüstig gefördert hat. Sie hat mit dem ganzen Ernste deutscher Gelehrsamkeit sich von der Oberflächlichkeit, mit welcher die Jurisprudenz der beiden letzten Jahrhunderte praktische und naturrechtliche Probleme schnellweg zu lösen gesucht hatte, losgesagt und uns für die gründliche Arbeit an allen unseren Aufgaben nicht bloß ein rühmliches Beispiel gegeben, sondern auch eine unverrückbare solide Grundlage geschaffen.

Das sind Verdienste von so bedeutender Art, daß ihnen gegenüber die Einseitigkeiten und Ausschreitungen, von denen sich die historische Rechtswissenschaft nicht hat ganz frei halten können, nur wie Verdunkelungen einzelner Stellen des hell leuchtenden Gesamtbildes erscheinen, welches diese Epoche unserer Wissenschaft darbietet.

Wenn wir aber fragen, woher sowohl der hohe Aufschwung wie die damit verbundene Schwäche jener Wissenschaftsepoche stammt, so werden unsere Gedanken auf den Punkt zurückgelenkt, von dem unsere Betrachtungen ihren Ausgang genommen haben, auf die innigen Berührungen der historischen Rechtsschule mit der Romantik. Sicherlich wäre es zu jenem Aufschwunge nicht ohne die tiefe Anregung gekommen, welche unsere Wissenschaft durch die phantasiereiche, voll Liebe und Begeisterung auf die Schöpfungen der Vergangenheit zurückblickende romantische Weltanschauung empfangen hat. Aus eben dieser Quelle stammen aber auch die Schwächen, welche der historischen Rechtsschule anhaften.

Das Andenken an die Vergangenheit, welches die Romantik so lebhaft wachrief, war in ein durch und durch poetisches Gewand gehüllt. Als sich nach diesem Vorbild auch die Rechtswissenschaft der Betrachtung und innigen Würdigung der Vorzeit zuwandte, war sie außer stande, dieses Gewand alsbald ganz abzustreifen. Und es sei ferne von uns, ihr daraus einen Vorwurf zu machen. Denn noch fehlte es damals allen Wissenschaften an der jetzigen, unserer wissenschaftlichen Denk- und Forschungsweise erst von den Naturwissenschaften errungenen vollen Fähigkeit und Neigung zu exakter Thatsachenbeobachtung. Noch war man nicht gewöhnt, die einzelnen Vorgänge, aus denen sich eine Gesamterscheinung der Natur- oder Geisteswelt zusammensetzt, so genau und in so ernst vorurteilsfreiem Bestreben zu untersuchen wie jetzt. Dieser Mangel macht es voll erklärlich und entschuldbar, daß man bei der Vertiefung der Rechtswissenschaft, bei ihrer engeren Verknüpfung mit der Geschichtsbetrachtung noch nicht alsbald ganz das richtige Maß zu halten vermochte und nicht bloß die Bedeutung der neuen Betrachtungsweise für die Rechtswissenschaft überschätzt hat, sondern bei der Auffassung der Rechtsvergangenheit auch noch nicht immer mit der erforderlichen Vorsichtigkeit zu Werke gegangen ist. Die Stelle, an welcher dies am deutlichsten erkennbar hervortritt, ist aber die Gewohnheitsrechtstheorie.

Statt genau zu prüfen, wie sich in der gesetzeslosen Zeit bereits eine Rechtsordnung hat Bahn brechen können, ob sie wirklich schon sofort in der Weise, wie sich uns jetzt das Recht darstellt, als ein Komplex von Rechtsregeln hat auferstehen und ohne den festen Halt der zentralisierenden machtvollen Staatsgewalt unmittelbar aus dem wirren Getriebe der unorganisierten Volksmasse herauswachsen können, begnügte man sich mit einer nebelhaften, vagen, die einzelnen Elemente jenes Rechtsentstehungsvorganges verhüllenden Gesamtvorstellung. Man trat an die Betrachtung jenes ursprünglichen Rechtszustandes voreingenommen von Vorstellungen heran, die man teils vom Gesetzesrecht, teils von der Volkssitte und von den sonstigen Erzeugnissen des gesamten geistigen Volkslebens, wie namentlich von der Sprache her entlehnt hatte. Es wurde übersehen, wie grundverschieden die das Volk gebieterisch zur Einheit, zur notwendigen Einschränkung der individuellen Willkür zusammenzwingende, ohne das Element einer zentralen Macht nicht denkbare Rechtsschöpfung von der in voller Freiheit aus dem unorganisierten Volke herauswachsenden nicht rechtsverbindlichen Volkssitte und Volkssprache ist.

Man sah darüber hinweg, daß die im Volke vorherrschenden sozialen Gewöhnungen zwar meistens einen großen mittelbaren Einfluß auf die Herausgestaltung rechtsverbindlicher, von der richtenden Staatsgewalt als solche anerkannter und durchgeführter Anforderungen haben, aber daß sie in sich selbst noch nicht die Kraft einheitlicher, machtvoller, für die Obrigkeit verbindlicher Rechtsgebote besitzen. Man beachtete namentlich nicht genug, daß die Sprachbildung, da es sich bei ihr nur um die intellektuelle Verständigung unter den Volksgenossen handelt, zwar sehr wohl ohne das zusammenzwängende Eingreifen der Staatsgewalt vor sich gehen kann, aber eine solche gebieterische Zentralisation ganz unentbehrlich ist, wenn es gilt, das Mindeste der Anforderungen mit verbindlicher Kraft herauszustellen und zur sicheren Durchführung zu bringen, welche an die praktische Verständigung der Volksgenossen mit einander zu erheben sind, wenn das Volk überhaupt im stande sein soll, ein einheitliches Gemeinwesen zu bilden[1].

Erst wenn man diese tief reichenden Verschiedenheiten beachtet und würdigt, vermag man zu einer zutreffenden Vorstellung von jener dem gesetzlich geregelten Zustande des Volkslebens voraufgehenden, erst die Bahn für die

---

[1] Wenn etwa eingewendet werden sollte, daß doch auch die Sprachbildung nach bestimmten Regeln geschieht, die ja der Sprachforschung klar erkennbar sind, so würde zu erwidern sein, daß die Sprachbildung nicht mit dem Ausdenken und der Aufstellung von Sprachregeln beginnt, sondern durch unzählige Einzelexperimente vor sich geht, so daß die ihr immanente, dem Volke selbst unbewußte Regelmäßigkeit erst nachträglich durch wissenschaftliche Beobachtung zur Erkenntnis gelangt, ähnlich wie es sich mit der gesamten Denkthätigkeit der Menschen verhält. In dieser Beziehung läuft die Rechtsbildung der Sprachbildung in der That ganz parallel. Die einzelnen richterlichen Rechtssprüche, aus welchen die Rechtsordnung hervorwächst, sind so wenig wie die einzelnen Sprachäußerungen Anwendungen bewußter Regeln, jedoch besteht zwischen ihnen eine gewisse kontinuierliche Übereinstimmung, so daß hinterher aus ihnen bestimmte Grundsätze abstrahierbar sind. Der große Unterschied liegt aber darin, daß das Rechtssystem nicht wie das Sprachsystem unmittelbar und in voller Freiheit aus dem Volksverkehr, sondern aus der Kontinuität der Akte der richtenden Staatsgewalt hervorwächst, auf welche das im Volke übliche Verhalten nur mittelbar Einfluß gewinnen kann.

Gesetzgebung brechenden Art der Rechtsbildung zu gelangen, die man sich wegen des für sie vielfach mittelbar maßgebenden Einflusses der Volkssitte als Gewohnheitsrecht zu denken pflegt. Erst auf diese Weise rückt jener ursprüngliche Rechtsentstehungsvorgang in das richtige Verhältnis zu der gesetzgeberischen Rechtsschöpfung. Es wird ersichtlich, daß sich beide Arten der Rechtsbildung viel näher stehen, als es nach der so lange hartnäckig festgehaltenen Lehre der historischen Schule noch immer angenommen wird.

Die Staatsgewalt ist schon von Anfang an bei der Rechtsbildung wesentlich beteiligt gewesen. Die Fürsorge für die Rechtsbildung, welche sich die Staatsgewalt jetzt in ihrer besonderen Organisation als gesetzgebende Gewalt angelegen sein läßt, ist in früheren Zeiten von ihr noch ausschließlich in ihrer Organisation als richterliche Gewalt, durch die Rechtspflege versehen worden. Obwohl ihr dies nur in viel unvollkommnerer, beschränkterer, weniger sicherer Weise, als der gesetzgebenden Gewalt gelingen konnte, schlug sie dabei doch in ihrem engeren Bereiche schon einen Weg ein, der sich dem später von der Gesetzgebung beschrittenen sehr annäherte.

Wie jetzt die Gesetzgebung die Rechtsgebote ausfindig zu machen und zu sanktionieren hat, welche den vom Gemeinwesen gebieterisch aufzustellenden Anforderungen an die Ordnung des Gemeinlebens, dem jeweilig durchführbar erscheinenden Rechtsideal entsprechen, m. a. W. als die gerechtesten erkannt werden, so war auch schon die Aufgabe beschaffen, welche damals von der richterlichen Gewalt erfüllt wurde. Auch diese hatte das jeweils gerechteste Recht zu finden. Die Richter hatten, ganz ähnlich wie später die Gesetzgebungsfaktoren, die Rechtsgebote aus sich selbst, aus dem ihnen innewohnenden Gefühl für das Rechtgemäße zu schöpfen. Und hierbei ließen sie sich gerade so wie jetzt die Gesetzgebung viel seltener durch ureigene Einfälle oder Erfindungen ihres klugen Nachsinnens leiten, als durch das, was den jeweiligen Volksverhältnissen, Volksbedürfnissen, Volksneigungen, namentlich den bereits vorhandenen eingebürgerten Gewöhnungen am besten entspricht.

Die beiden Rechtsbildungswege gehen aber darin auseinander, daß die Gesetzgebung generelle, für Gattungen zukünftiger Fälle vorsorgende Anordnungen trifft, während die Rechtsprechung immer nur auf Gebote beschränkt bleibt, die bloß für je einen einzelnen, gegenwärtigen Fall gelten.

Wie die Menschheit stets erst durch viele Einzelerfahrungen in den Stand gesetzt wird, zu grundsätzlichen, generellen Erkenntnissen und Maßregeln zu gelangen, so ist es ihr auch mit dem Recht ergangen. Die Rechtsbildung hat nicht schon damit begonnen und nicht damit beginnen können, daß man im voraus überlegte, welche Rechtsgrundsätze gelten sollten, nicht damit, daß man sich sofort zu abstrakten, generell vorsorglichen Rechtsgedanken und Rechtsgeboten aufschwang. Es mußten viele Jahrhunderte voraufgehen, in welchen die hierzu erforderlichen Rechtserfahrungen von Fall zu Fall gemacht, gesammelt, geordnet, genügend beherzigt wurden.

Diese der staatlichen Rechtsregelung, der Gesetzgebung, erst den Weg bereitenden und weisenden Rechtserfahrungen wurden durch die Rechtsprechung, durch die *richterliche Thätigkeit der Staatsgewalt* gemacht. Erst nachdem die richterliche Staatsgewalt lange Zeiten hindurch ihres Amtes gewaltet hatte, wuchs aus ihr, auf Grund der von ihr dargebotenen Erfahrungen die *gesetzgeberische* Thätigkeit der Staatsgewalt als eine eigenartige, von der richterlichen abgesonderte, sich über diese erhebende, sie regelnde Staatsfunktion heraus. Der große, segensreiche Fortschritt, der hierdurch erreicht wurde, besteht eben darin, daß erst von da an durch den Staat sanktionierte, auch die Willkür der Richter einschränkende *Rechtsregeln* geschaffen wurden. Die Zeit des gesetzeslosen Rechts, des sogenannten Gewohnheitsrechts war eine Zeit, in welcher der Rechtszustand bloß durch die Gerichtsentscheidungen geleitet und gesichert wurde, die bei weitem noch keine so starke Gewähr der Unparteilichkeit und Gleichmäßigkeit boten wie das gesetzlich geregelte Recht. Eine Zeit, in welcher das Recht unmittelbar, „organisch“ aus dem unorganisierten Volke, ohne Sanktion durch die Staatsgewalt, lediglich in der Form einer vom „Volk“ für rechtsverbindlich gehaltenen Gewohnheit als ein Inbegriff genereller Rechtsgebote hervorgewachsen wäre, kurz, ein Gewohnheitsrecht hat es nie gegeben. Die ganze Gewohnheitsrechtstheorie ist ein Erzeugnis der romantisch-historischen Phantasie![1]

Die Lehre vom Gewohnheitsrecht ist nicht das einzige, nur das hervorragendste Erzeugnis der romantisch-rechtshistorischen Einbildungskraft.

Von dem starken Einfluß, den die Phantasie auf die Rechtshistoriker ausgeübt hat, sind bereits vor längerer Zeit von anderer Seite zahlreiche auserlesene Beispiele

[1] Man hat also wohl daran gethan, des Gewohnheitsrechts bei der schließlichen Redaktion des BGB. mit keinem Worte zu gedenken. Der heftige Streit hierüber ist ein Streit um ein Nichts gewesen. Selbstverständlich können bestimmte Arten eines im Rechtsverkehr gebräuchlichen Verhaltens durch die Gesetzgebung im allgemeinen für rechtsverbindlich erklärt, gleichsam in blanco acceptiert werden, wie ja das Recht überhaupt der eigenen Rechtsbestimmung der Beteiligten häufig einen Spielraum läßt. Solche gesetzlich bestätigte Verkehrsregeln sind aber eben Gesetzesrecht, nicht unmittelbar vom unorganisierten Volke geschaffenes Gewohnheitsrecht.

gesammelt worden[1]. Eines derselben, ein in mehreren Richtungen außerordentlich lehrreiches, gestatte ich mir nochmals in Erinnerung zu bringen und es zum Teil noch vollständiger, als es damals geschehen ist, vorzuführen. Es ist einem sehr gelehrten Werke entnommen, welches von einem der allerberühmtesten Männer der Neuzeit verfaßt ist und unter andern Rechtsproblemen auch die Frage, worin der Grundgedanke des römischen Erbrechts, insbesondere des testamentarischen liegt, in sehr origineller Weise behandelt. Der Verfasser entwickelt diesen Grundgedanken, indem er gegen den „Verstand, der in der juristischen Materie ausschließlicher als irgendwo wütet", erbittert zu Felde zieht, in folgender Weise:

> Die Fortpflanzung und Unendlichkeit des subjektiven Willens, als der noch diesseitigen und auf die diesseitige reale Außenwelt als ihren Gegenstand bezogenen Innerlichkeit des Menschen, dies also ist das in seiner Bestimmtheit ausgedrückte wahre Wesen des römischen Erbrechts. Das Testament ist die Weise, in welcher die Unendlichkeit des Subjekts dem römischen Geiste aufgegangen und von ihm erobert worden ist. — Soll aber der subjektive Wille sich wahrhaft als unendlich setzen, trotz der ihm in der Sterblichkeit der Person entgegenstehenden Grenze, so kann er diese Endlichkeit nur dadurch

[1] R. von Jhering, Scherz und Ernst in der Jurisprudenz (zweiter Brief eines Unbekannten über die heutige Jurisprudenz), S. 28—34. Vergl. die Vorrede zu Jhering's Geist d. röm. Rechts, 2. T. 2. Abt. 1. Aufl.

überwinden, daß er die Gewalt hat, aus seiner freien Innerlichkeit heraus eine andere Person zu seinem Fortsetzer und Träger zu ernennen und so eine andere Willensperson zum fortlaufenden Dasein seiner selbst zu machen. — Das Christentum und die germanische Welt pflegen als die Weltstufen bezeichnet zu werden, in denen die Unendlichkeit des Subjekts zum Bewußtsein gekommen und zum Prinzipe proklamiert worden ist. Das ist auch ganz richtig, wenn man, wie auch in der Regel der Fall, unter der Unendlichkeit des Subjekts die Unendlichkeit des subjektiven Geistes als des von aller Außenwelt abgelösten und rein auf seine eigene Innerlichkeit bezogenen Gedankenwesens versteht. Dieser Unendlichkeit des Subjekts, welche die Unendlichkeit des Geistes ist, geht aber in der Geschichte vorher und muß in ihr, als der stufenmäßigen Entwickelung des Geistes, vorhergehen eine andere, äußerliche Unendlichkeit des Subjekts, die Unendlichkeit des subjektiven Willens als der gerade noch auf die Außenwelt bezogenen und mit ihr als ihrem Gegenstande behafteten Innerlichkeit der Person. Dies ist es, was die Bedeutung des römischen Erbrechts und des römischen Geistes überhaupt ausmacht![1]

Nach diesen Ausführungen ist es nicht zu verwundern,

[1] Als Beispiel einer etwas abweichenden, jedoch ebenfalls nicht ganz phantasielosen Vorstellung von der römischen Erbschaft möge folgende Schilderung des Wesens der hereditas jacens dienen, die einem weniger gelehrten Werke, der Prüfungsarbeit eines Rechtskandidaten wortgetreu entnommen ist: „Über der hereditas schwebt gespensterartig ihr unsichtbarer Herr, gewissermaßen das geistige Fluidum des Vermögens."

daß die ideelle Bedeutung des römischen Erbrechts schließlich dahin zusammengefaßt wird, daß, „so paradox dies auch zunächst klingt (darin stimme ich dem Verf. bei!), der Testator auf den Erben nicht sein Vermögen, sondern nur seinen Willen vererbt[1].“

Wer erfährt, daß diese Citate einer Schrift von

---

[1] Auch in philologischer Beziehung bringt das Werk hübsche Aufschlüsse, z. B. „daß das Testament nichts anderes ist, als eine Selbstbezeugung des Geistes, testatio mentis“. Allerdings ist hierbei der Verf. nicht ganz so originell verfahren wie sonst. Wenigstens findet sich diese schöne Etymologie schon in ungefähr ähnlicher Weise, wenn auch noch nicht für eine „Konstruktion“ des Erbrechtsgrundgedankens verwertet, in Ulpiani liber sing. regularum 20 § 1 »Testamentum est mentis nostrae justa contestatio«. Es ließe sich von den römischen Juristen auch noch manche andere Anleitung zu etymologischen Leistungen wie denen des Verf. holen, z. B. aus l. 1 § 1 D. de testamento militis (29, 1): »Miles autem appellatur vel a militia id est duritia, quam pro nobis sustinent, aut a multitudine, aut a malo, quod arcere milites solent, aut a numero mille hominum« oder aus der Prachtetymologie, mit der wir sogleich im Anfang der Digesten (l. 1 pr. D. de J. et J. 1, 1) begrüßt werden und nach welcher jus a justitia appellatum est, zwei Stellen, die ebenfalls von Ulpian herstammen, dem diese philologischen Verdienste um die lateinische Sprache um so mehr zur Zierde gereichen, da er, wie er selbst berichtet, aus Tyrus gebürtig war. Übrigens wetteifert sein wohl nicht aus solcher Ferne stammender Kollege Paulus mit ihm; er sagt nicht bloß, daß mutuum daher komme, quod de meo tuum fit (L. 2 § 2 D. de R. C. 12, 1), sondern erklärt auch depositum als diu positum (Lex Dei 10 cap. 7 § 2) und wartet sogar ähnlich, wie Ulpian beim miles, mit vier Ableitungen eines Wortes auf, nämlich des Wortes furtum, welches entweder a furvo i. e nigro oder a fraude oder a ferendo oder auferendo herkommen soll.

Ferdinand Lassalle entnommen sind[1], wird sicherlich ob dieser exquisiten Mischung aus rechtshistorischer Phantasie und Hegelscher Denkweise den vielseitigen Geist eines Mannes anstaunen, der hier als Gelehrter einen fast noch kühneren Aufschwung zu nehmen gewußt hat, als während seines späteren, auf volksbeglückende Weltverbesserung gerichteten politischen Lehrens und Wirkens, dem er sich zuwandte, nachdem er bei den Rechtsgelehrten wegen seiner ganz ausbündigen rechtswissenschaftlichen Leistung nicht die erhoffte Anerkennung gefunden hatte[2], so daß er darauf angewiesen war, sich die heiß ersehnte Berühmtheit durch ganz andere Mittel zu erringen. Wie schade, daß er von den Rechtsgelehrten so schlecht behandelt und nicht auf jenes Werk hin sofort zum ordentlichen Professor der Jurisprudenz ernannt worden ist! Welche Unruhe, wie viel gefährlichstes Wirrsal wäre dadurch der Welt erspart worden! Noch viel mehr, als wenn Eugen Richter die Bestätigung als Neuwieder Bürgermeister erhalten hätte![3]

Mit wie leichter Mühe die Rechtsgelehrten, wenn sie

---

[1] F. Lassalle, Das System der erworbenen Rechte, 2. Aufl. 1880 Bd. 2 S. 18—25.

[2] R. von Ihering hatte von jenem Werk sogar einen so unheimlichen Eindruck empfangen, daß er annahm, der vorgedruckte Autorname müsse pseudonym sein (Scherz und Ernst S. 26).

[3] Durch die politischen Theorieen, auf welche der Rechtshistoriker

sich der Flügel der romantisch-historischen Phantasie bedienen, in der Vergangenheit die schönsten stattlichen Luftschlösser zu errichten imstande sind, mögen noch zwei andere Schöpfungen des historischen Rechtswissenschaftsgeistes zeigen. Aus ihnen wird besonders klar ersichtlich werden, wie sehr den Juristen die von ihnen so fleißig geübte Fertigkeit im dogmatischen „Konstruieren" auch bei ihren rechtsgeschichtlichen Forschungen zu statten kommt. Diese Operation hat ja in dem Dämmerlicht längst vergangener Zeiten viel geringere Schwierigkeit als in der Sonne der Wirklichkeit, welche das gegenwärtige Recht so scharf bescheint, daß sich in dasselbe doch nicht so bequem wie dort Grundgedanken, unsterbliche Personen, selbst unerhörte Tiere hineinkonstruieren lassen.

Bis zu dem zuletzt gedachten Gipfelpunkte ist die Schaffenskraft der rechtshistorischen Phantasie allerdings nur einmal gelangt, in ihrem unsterblich großen Erzeugnis, welches so allgemein bekannt ist, daß ich nur ganz kurz auf dasselbe hinzuweisen brauche: in der Erfindung jenes juristischen Urtiers, welches in den ältesten Zeiten Roms lediglich in Rücksicht auf die den

---

Lassalle später geraten ist, findet übrigens die Bemerkung (s. oben S. 82), daß die Theorieen der anscheinend so unschuldigen historischen Rechtswissenschaft leicht zu revolutionären Konsequenzen führen, ihre vollkommene Bestätigung.

Römern heilige Fünfzahl, behufs Kompletierung der vier uns allein bekannten zur Tierwelt gehörigen res mancipi notwendig existiert und, durch besondere Klugheit ausgezeichnet, den Römern beim Ackerbau eine sehr wichtige, damals von menschlichen Wesen noch nicht prästierliche Arbeit, das Lenken des Pflugstiers, das bovem agere, besorgt, folglich »bovigus« geheißen haben muß.

Sodann sei noch ein viel zu wenig beachtetes farbenreiches rechtsgeschichtliches Gemälde eines anderen, ebenso tiefsinnigen wie liebenswürdigen Rechtsgelehrten vorgeführt.

Wer von uns hat nicht schon viel Mühe und Not damit gehabt, sich in das vom Standpunkt deutscher Rechtsanschauung so schwer verständliche Wesen der römischen actio hineinzudenken? Und doch kommt hierauf für das gesamte Verständnis nicht bloß des Civilprozesses, sondern auch des Privatrechts der Römer viel an. Über diese Schwierigkeit wird uns durch die folgenden Schilderungen jenes Gelehrten spielend hinweggeholfen, die namentlich illustrieren, wie die Römer, anders als unsere Vorfahren, dazu gekommen sind, eine Fülle einzelner, genau der besonderen Beschaffenheit der eingeklagten Privatrechte angepaßter Arten von actiones aufzustellen:

Der römische Civilprozeß ist ein civilistisches Rechtsgeschäft, die lis ein negotium und ihre Wirkung eine Art obligatio gewesen. Wie konnte es auch anders sein bei der ganzen Anlage des immer direkt auf die juristische Substanz eindringenden Rechtssinns der Römer! Der einfachste Sinn des Civilprosses ist ja Bewährung des Rechts: eine Potenz aber, die sich bewähren und gegen Störung behaupten will, muß eben sich ganz in sich zusammennehmen, ihre ganze Kraft unter Waffen rufen und sich enthüllen, nicht verstecken. Diese Art und jener Gegensatz (scil. der römischen und deutschen Auffassung der Klagen) lassen sich leicht illustrieren durch einen Vergleich, welcher dem Innern des Volksgeistes näher sein möchte, als auf den ersten Anblick scheint. Dem südlichen Klima Italiens eignet es, freier den Körper selbst hervortreten zu lassen: demgemäß tritt auch im Wettstreite der Rechte jedes Recht fast unverhüllt und gleichsam spiegelklar[1] hervor. Dem nördlichen Klima mit seinen Wäldern, Nebeln und Schatten ziemt es mehr, in schützender wallender Gewandung und Bewehrung aufzutreten: so tritt da auch das Recht beim Streit in schwerster Rüstung und mit allen Abzeichen der Kampfart auf; nur spärlich blickt zwischen den Lücken des Prozeßapparats der versteckte Körper des Rechts, die civilistische Substanz, hervor. Wenn wir den (alt-)römischen Civilprozeß einen Ringkampf mit bloßem Leibe, den germanischen ein Turnier mit aller Ausstattung und Gefahr des Waffenwerks nennen, so treffen wir wohl die ungefähre Wahrheit; es muß aber hinzugefügt werden, daß in jenem Prozeßtypus das Verfahren bereits einen völlig civilisierten, urbanen Gesellschaftszustand spiegelt, während bei diesem Typus noch die ungezügelte

[1] Hier scheint mir aber doch der Vergleich, wenigstens was die dabei beteiligten Menschen anlangt, ein wenig zu hinken!

Lust am Kriegswerk und die Gewohnheit ritterlichen Fehdestandes an allen Punkten durchblitzt[1].

Ich stehe am Ende meiner der historischen Rechtswissenschaft gewidmeten Betrachtungen.

Manche meiner Fachgenossen werden, auch wenn sie nicht abgeneigt sein sollten, mir darin beizustimmen, daß der Rechtsgeschichte von der Jurisprudenz bisher eine vor den übrigen Hilfswissenschaften zu stark bevorzugte Stellung eingeräumt worden sei, doch vielleicht die Besorgnis hegen, die Rechtswissenschaft werde, wenn die Rechtsgeschichte so sehr, wie ich es befürworte, in den Hintergrund rücken sollte, eine zu große Einbuße an ihrem, ihr gerade von seiten der Geschichte zufließenden idealen Gehalt erleiden. Die zuletzt vorgeführten übermäßig schwungvollen Leistungen der historischen Rechtswissenschaft seien doch nur vereinzelte sonderbare Auswüchse des sie erfüllenden Bestrebens, einen von den Schwingen der Phantasie getragenen idealen Hochflug zu nehmen, Übertreibungen, wie sie bei der Anwendung jeder Wissenschaftsmethode ab und zu vorkommen, ohne daß sie ihr zur Schuld anzurechnen wären, geschweige denn zur Verdammnis gereichen könnten. Sollte der Rechtswissenschaft jenes ideale Streben wegen einzelner Extravaganzen allzu

---

[1] J. E. Kuntze, Exkurse über röm. Recht, 2. Aufl. 1880 S. 466, 467.

phantasiereicher Rechtsgelehrter gänzlich verdacht und versagt werden?

Ich bleibe dennoch meiner Sache getrost und sicher. Mir liegt nichts ferner, als unserer Wissenschaft die Pflege idealer Gesinnungen und Bestrebungen verkümmern zu wollen. Ich behaupte aber, daß ihr zur Bethätigung des Idealismus ein anderer, richtigerer, auf ihrem eigenen Gebiete liegender Weg gewiesen ist, ein Weg, der um vieles sicherer zum wahren Ziele führt, als der von der historischen Rechtswissenschaft mit solcher Vorliebe beschrittene.

Statt so vorwiegend, wie es bisher geschehen ist, der Vergangenheit nachzuhängen, mögen die Juristen, erfüllt von Begeisterung für die von ihnen zu übende oder zu lehrende ars boni et aequi, ihre volle Kraft der Erkenntnis des dem bestehenden Recht innewohnenden Gerechtigkeitsideals widmen, es immer tiefer, echter, inniger zu erfassen, in sich als eine lebensvolle, schöpferische Kraft aufzunehmen und ihm, soweit es irgend möglich ist, zur Verwirklichung zu verhelfen bemüht sein! An Stelle der müßigen, in die Vorzeit zurückschauenden, bloß nachschaffenden Phantasie muß die an der möglichsten Vervollkommnung des jetzigen Rechts arbeitende schaffende Phantasie, an Stelle des in schönen Erinnerungen schwelgenden kontemplativen Idealismus der praktische Idealismus begeisterter, das Beste der Menschheit fördernder, zum Höchsten strebender Pflichterfüllung treten.

Bei der Bemühung, diese Aufgabe zu erfüllen, werden wir der Unterstützung durch die Geschichtsforschung wahrlich nie entbehren können. Der volle Gehalt des gewordenen Rechts, insbesondere auch das, was in ihm an idealen Strebungen pulsiert, wird uns stets nur unter der Voraussetzung allseitig erkennbar werden, daß wir eine gründliche Einsicht in sein Werden zu gewinnen bestrebt sind. An dieser Arbeit, an der Beschaffung der von der Geschichtswissenschaft zu holenden Beihilfe werden sich auch fernerhin die Rechtsgelehrten zu beteiligen haben, bemüht, aus den Lehren der Geschichte das für das vollständige Verständnis des geltenden Rechts besonders Wissenswerte zu schöpfen.

Das Studium der Rechtsgeschichte ist aber nur eine der vielen Vorarbeiten, durch welche die Rechtswissenschaft in der Erfüllung der ihr eigenen Aufgabe gefördert wird. Durch die außerordentliche Bevorzugung, welche jener einen Hilfswissenschaft während des neunzehnten Jahrhunderts zu teil geworden ist, hat unsere Wissenschaft, am meisten die Privatrechtswissenschaft, eine schwere Schädigung erfahren. Über den angestrengten Bemühungen, historische Data herbeizuschaffen, festzustellen, zu sammeln und die dadurch gewonnenen, oft so unsichern Vorstellungen von der Rechtsvergangenheit für das jetzige Recht zu verwerten, wurde es versäumt, für die Rechtswissenschaft die reichen Hilfsquellen, welche ihr auch aus *andern* Erfahrungs- und Wissenschaftsgebieten zufließen, auch nur annähernd so eifrig und vollständig nutzbar zu machen, wie die der Geschichte.

Am schwersten ist unsere Wissenschaft dadurch betroffen worden, daß sie infolge der überwiegend historischen Behandlung so stark von derjenigen Wissenschaft abgedrängt worden und ihr, was wenigstens das Privatrecht anlangt, auch noch jetzt entfremdet geblieben ist, welche das *gesamte* Wesen des Menschengeistes und -wirkens betrachtet und erforscht. Die allermeisten Privatrechtsgelehrten scheinen vergessen zu haben, daß alle die Grundbegriffe des Rechts, mit denen sie operieren, allgemeine Elemente des Denkens und der gesamten Welterkenntnis in sich bergen, über welche wir nur von *jener* Wissenschaft sichern Aufschluß erhalten können.

So wenig es der neu aufstrebenden historischen Rechtswissenschaft zu verdenken war, daß sie sich nach den üblen Erfahrungen, die man erst unlängst mit der Naturrechtslehre gemacht hatte, nicht zu der, ähnliche unerreichbare Ziele verfolgenden Philosophie ihrer Zeit hingezogen fühlte, so haben sich doch die Privatrechtsgelehrten während der zweiten Hälfte des neunzehnten Jahrhunderts dadurch eine schlimme Versäumnis zu schulden kommen lassen, daß sie bei der Erforschung des positiven Rechts noch immer in derselben ängstlich vornehmen Abgeschlossenheit von der philosophischen Forschung verharrten wie die Begründer der neuen Rechtswissenschaftsmethode, so daß noch heutzutage ein Jurist, der über die enge Einzäunung, in welche sich die mit solcher Vorliebe der Geschichte zugewendete Privatrechtswissenschaft im Anfange des neunzehnten Jahrhunderts eingeschlossen hatte, hinauszublicken und hinauszuschreiten wagt, zu gewärtigen hat, daß er in den Verdacht kommt, leichtfertig von der Bahn gründlicher Rechtserforschung abzuschweifen.

Die Philosophie hat längst jene den Zielen der positiven Rechtswissenschaft abgewandte Richtung verlassen. Sie hat längst den Weg sorgfältiger Beobachtung und Prüfung des wirklichen Menschenwesens beschritten. Die neuere Philosophie gewährt der gesamten Rechtswissenschaft, namentlich durch die großen Errungenschaften auf dem Gebiete der Psychologie und der Ethik, eine Fülle der tiefsten Aufklärungen und bietet sie auch in einer Form dar, die glücklicherweise nicht mehr darauf angelegt ist, durch möglichste Schwerverständlichkeit eine erstaunungsvolle Ahnung von der Tiefe ihrer Gedanken zu erwecken.

Dadurch, daß die Rechtsgelehrten es verschmähen, die Gaben der Philosophie anzunehmen, und sich noch immer selbstgenügsam dem Wahne hingeben, die nicht mehr länger aufschiebbare sorgfältige Erforschung der Grundbegriffe des bürgerlichen Rechts ganz mit den eigenen, bloß durch den kümmerlichen Apparat der Rechtsgeschichte ein wenig verstärkten Mitteln bewerkstelligen zu können, ist es gekommen, daß es mit dem grundbegrifflichen Fundament der Privatrechtswissenschaft und auch mancher anderer Rechtsdisziplinen noch so kläglich bestellt ist, daß ihre Systeme großenteils nicht auf klar durchdachte und scharf begrenzte Grundbegriffe, sondern auf hohle Worte gestellt geblieben sind, auf Worte, mit denen sich freilich trefflich streiten läßt', so trefflich, daß auf diese Weise nie ein Ende des Streites zu befürchten ist! Und welcher reiche, bisher von den allermeisten Rechtsgelehrten verschmähte Schatz von Aufschlüssen bietet sich der Rechtswissenschaft dar in den hochbedeutenden Forschungen auf dem vielgegliederten Gebiete der gesamten Staatswissenschaften, namentlich der Volkswirtschaftskunde und der neuesten sozialwissenschaftlichen Untersuchungen! Überall zeigt sich, daß infolge der engen Begrenzung, in welche sich die Rechtswissenschaft durch die übermäßige Bevorzugung der einen Hilfswissenschaft, der Geschichte, eingezwängt hat, das rechtswissenschaftliche Denken, Streben, Forschen nicht zu voller Entfaltung gekommen ist.

Fünfter Brief.

Das Verhältnis zwischen Rechtstheorie und Rechtspraxis. Der Sieg der Gesetzgebung über die historische Rechtswissenschaft.

Ein Vierteljahrhundert, nachdem Savigny den Weckruf der historischen Rechtswissenschaft hatte erschallen lassen, ergriff er das Wort, um sich über das Wesen und die Aufgabe der Rechtswissenschaft noch einmal abschließend zu äußern. Die Gelegenheit hierzu bot sich ihm in der ausführlichen Vorrede zu seinem großen dogmatischen Werke, dem System des heutigen römischen Rechts. Die Betrachtungen, die er hier anstellt, sind nicht mehr von dem Feuereifer erfüllt, mit dem er ehemals vorgegangen war. An Stelle der angriffslustigen Stimmung ist eine ruhigere, versöhnliche getreten; sie hat einen unverkennbar elegischen Grundton.

Savigny konnte sich nicht verhehlen, daß während der letzten Jahrzehnte das Verhältnis zwischen Rechtstheorie und Rechtspraxis eine sehr bedauerliche Veränderung erfahren hatte. Er erkennt an, daß „das Hauptübel unseres Rechtszustandes in einer stets wachsenden Scheidung zwischen Theorie und Praxis besteht". Er erörtert, wodurch dieser Übelstand hervorgerufen worden sei und wie ihm abgeholfen werden könne.

Er läßt deutlich durchblicken, daß er die von ihm selbst inaugurierte Methode der Rechtswissenschaft nicht ganz von Schuld an jenem Mißstande freizusprechen gesonnen ist; er giebt zu, daß diese Methode vielfach in einer Weise gehandhabt worden sei, welche zur Entfremdung zwischen Theorie und Praxis beigetragen habe. Aber einen mindestens eben so großen Teil der Schuld schreibt er der Praxis zu, welcher „der rechte wissenschaftliche Geist nicht überall innewohne". Um in ihr diesen Geist zu erwecken und zu heben, weiß er kein geeigneteres Mittel anzugeben, als die gründliche, quellenmäßige Kenntnis des römischen Rechts. Die Praktiker zum Erwerbe solcher Kenntnis anzuleiten und dadurch unter ihnen jenen echten Wissenschaftsgeist zu verbreiten, bezeichnet er als den hauptsächlichsten Zweck seines Werks.

Sicherlich wird niemand, auch nicht wer von vielen der Savignyschen Lehren bereits weit abgekommen ist, seinem Werke den Tribut bewundernder Anerkennung versagen, einem Werke, welches auf einer Fülle gründlicher, abgeklärter Forschungen beruht und ebendeshalb, weil es klar durchdacht ist, sich durch eine Klarheit und Schönheit der Formgebung auszeichnet, die aufs wohlthuendste von dem herkömmlichen, häufig so holprigen, verschrobenen, dunkeln Juristendeutsch absticht. Auch wird jeder Jurist, der seinen Beruf nicht handwerksmäßig betreibt, von der idealen, unsere Wissenschaft und ihren Wert für die Praxis hochhaltenden Gesinnung, die aus der Vorrede spricht, tief erfaßt werden. Dennoch hinterläßt die Art, wie Savigny hier das Verhältnis zwischen Theorie und Praxis behandelt und in Ordnung zu bringen sucht, einen überwiegend befremdenden, fast möchte ich sagen, peinlichen Eindruck.

Auf welche sonderbaren Abwege mußte die Rechtswissenschaft geraten sein, daß es notwendig erscheinen konnte, die unbestreitbare Wahrheit, daß die Rechtstheorie ganz und gar im Dienste des wirklichen Rechtslebens, der Rechtsanwendung, der Rechtspflege steht, erst noch so eifrig mit so vielen, eindringlichen Worten auseinanderzusetzen, wie es sich Savigny in jener Vorrede angelegen sein läßt! Als wenn je ein gegenteiliger Gedanke aufkommen, die Rechtswissenschaft je als etwas selbständig für sich Bestehendes, sich vornehm von der Praxis Abschließendes, losgelöst von ihr als irgendwie Existenzberechtigtes gelten könnte! Als wenn die Rechtswissenschaft nicht lediglich der Diener wäre und immer nur sein könnte, welcher der Rechtspraxis die Fackel voranzutragen hat, um ihr den richtigen Weg zu weisen und zu beleuchten! Wäre es denkbar, daß es jemals einem der römischen Jurisprudentes in den Sinn gekommen wäre, darüber, daß sein ganzes juristisches Denken und Wissen ausschließlich im Dienste der praktischen Rechtsgestaltung stehe, auch nur ein Wort zu verlieren?

Daß aber gerade Savigny in die seltsame Lage gekommen ist, eine so selbstverständliche Wahrheit seinen Zeitgenossen so angelegentlich und ausführlich zu explizieren, ist nicht schwer erklärlich. Da er die schmerzliche Wahrnehmung hatte machen müssen, daß die von ihm hervorgerufene und mit Begeisterung verfochtene Auffassung der Rechtswissenschaft eine so starke, unnatürliche Entfremdung zwischen Theorie und Praxis nach sich gezogen hatte, ist es begreiflich, daß er alles aufbieten zu müssen glaubte, um dem heraufbeschworenen Unheil Einhalt zu thun, und sich zu diesem Zwecke bemühte, beiden Teilen das Widersinnige jener Verirrung so einleuchtend wie möglich zu machen.

Er vermochte aber die Geister, die er gerufen hatte, nicht mehr zu bannen. Das erlösende Wort stand ihm nicht zu Gebote. Der Versuch, sie durch dieselbe Formel, mit welcher er sie einst citiert hat, auch wieder zum Weichen zu bringen, ist nicht gelungen und konnte nicht gelingen. Es war eine trügerische Hoffnung, daß er sich darauf verließ, die Trennung der Praxis von der Theorie werde aufhören, wenn die historische Rechtsforschung nur noch immer eifriger und gründlicher betrieben und die Praxis noch mehr als bisher bestrebt sein werde, sich die Ergebnisse dieser Forschungsarbeit anzueignen und nutzbar zu machen.

Die Kluft zwischen Theorie und Praxis ist in der nächstfolgenden Zeit nur noch tiefer und breiter geworden, und zwar nicht bloß seitdem, sondern gerade weil die Rechtswissenschaft der Aufforderung Savignys Folge leistete.

Eine Theorie, die sich in so überwiegendem Maße der Erforschung des durch die moderne Rechtsentwickelung längst überholten, veralteten Rechts hingab, konnte auf die Praktiker nur eine sehr schwache Anziehungskraft ausüben. Von einer solchen Wissenschaft hatten sie bei der Erfüllung ihres Berufs eine so geringe, weit abliegende, erst so mühselig nutzbar zu machende Unterstützung zu gewärtigen, daß es ihnen wahrlich nicht übelzunehmen war, wenn sie sich unmutig von ihr abwandten und lieber ihren eigenen Weg gingen. Und wenn es ein durch außergewöhnliche allgemeinwissenschaftliche Bildung hoch hervorragender preußischer Gerichtspräsident kurze Zeit nach dem Erscheinen des Savignyschen Systems sogar wagte, der Jurisprudenz den Wert als Wissenschaft rundweg abzusprechen, so könnte selbst für diese sonderbare Verirrung vielleicht doch angesichts der Einseitigkeit, mit welcher sich damals die Rechtstheorie, statt der Rechtsprechung zu Nutzen zu sein, in philologisch-historische Studien zu vertiefen liebte, ein Wort der Entschuldigung eingelegt werden.

In den bei weitem mehr als die Hälfte Deutschlands einnehmenden Rechtsgebieten, in denen das gemeine Recht durch Gesetzbücher vollständig verdrängt worden war, mußte sich die Unzulänglichkeit der historischen Rechtswissenschaftsmethode natürlich besonders deutlich und empfindlich bemerkbar machen. Gewiß hat auch hier die gründliche Durchforschung der genialen Rechtsschöpfung des alten Roms, die in so weitem Umfange grundlegend und vorbildlich für die gesamte moderne Rechtsgestaltung geblieben ist, der Praxis höchst wertvolle Anregungen und Aufklärungen dargeboten, und gerade Savigny's System war vornehmlich geeignet hierzu. Aber wie hätte eine Theorie, die nicht das geltende Recht behandelte, zur Erreichung des heiß ersehnten Zieles, der innigen Verbindung praktischer und theoretischer Juristendenk- und -arbeitsweise führen können? Und auch in den Gebieten des überall durch zahlreiche und wichtige Sonderrechtsvorschriften abgeänderten gemeinen Rechts konnte diese Art des Wissenschaftsbetriebes der Praxis nur teilweise, mittelbar, meistens nur recht von weit her Hilfe bringen.

Durch das Ansinnen, sich noch immer gründlicher mit dem reinen römischen Recht zu beschäftigen, wozu auch noch entsprechende Postulate von seiten der kräftig aufstrebenden germanistisch-historischen Rechtstheorie kamen, war an die Richter und Anwälte ein unbilliges, weit über ihre Kräfte gehendes, unerfüllbares Verlangen gestellt. Tag für Tag erhob ihr Beruf an sie gebieterische Anforderungen von ganz anderer Art, Anforderungen, durch welche sie so voll in Anspruch genommen wurden, daß nur äußerst wenige von ihnen im stande waren, sich außerdem auch noch solchen akademischen, für die Handhabung des von ihnen anzuwendenden Rechts zum allergrößten Teile unersprießlichen oder doch allzu schwer verwertbaren Studien zu widmen.

Zwischen den Juristen, die ausschließlich der Theorie lebten und im Besitze des hierzu erforderlichen komplizierten, vorzugsweise der Geschichte und der Philologie entlehnten Gelehrtenapparats waren, und den Juristen, die mitten im Rechtsleben standen und dieses durch Anwendung eines jener Rechtsgelehrsamkeit fern stehenden Rechts zu lenken und beständig in Ordnung zu halten hatten, mußte sich daher eine immer höhere, immer schwerer übersteigliche Scheidemauer erheben. Genug, wenn die zukünftigen Praktiker während des Universitätsstudiums eine ungefähre, encyklopädische Kenntnis von jener Gelehrsamkeit erhielten und einige unter ihnen auf diese Weise ein wenig von echtem Wissenschaftsgeiste angehaucht wurden! Diese unfertigen, seitab von ihrem Berufe liegenden Studien dann noch innerhalb oder vielmehr neben der ganz andere, dringlichere Aufgaben stellenden Berufsthätigkeit weiter zu betreiben, ging nicht bloß über die Kräfte der meisten Praktiker hinaus, sondern es fehlte ihnen auch an jedem hinlänglichen Antriebe hierzu. Vollends konnte es nur den allerwenigsten gelingen, sich an jener Wissenschaftsarbeit so intensiv und selbständig zu beteiligen, wie es unerläßlich gewesen wäre, um dieselbe für die Praxis wirklich fruchtbar zu machen.

Wahrlich: nicht die praktischen Juristen trifft die Verantwortung für ihre immer zunehmende Entfremdung von der Rechtswissenschaft! Die Schuld daran lastet in voller Schwere auf jener so stark historisch gefärbten Theorie, die eine den Bedürfnissen des Rechtslebens, den Anforderungen der Rechtsprechung abgewandte Richtung eingeschlagen, sich selbstgenügsam, nicht selten hochmütig von der Praxis abgeschlossen hatte und, statt sich voll in deren Dienst zu stellen, mit Vorliebe Forschungen betrieb, die gar nicht in ihr eigenes Gebiet einschlagen, sondern für die Rechtswissenschaft bloß als Vorarbeiten für die Lösung ihrer wahren Aufgabe verwendbar und schätzbar sind.

Erst nach einer längeren Pause und sehr allmählich hat die Spannung zwischen Theorie und Praxis ngchgelassen. Die Annäherung bereitete sich um die Mitte des Jahrhunderts vor und hat in den letzten Jahrzehnten solche Fortschritte gemacht, daß wir hoffen dürfen, bald auf die frühere Entfremdung als eine vollständig überwundene Verirrung zurückblicken zu können.

Diese hoch erfreuliche Wandelung wurde aber nicht auf dem von Savigny gewiesenen Wege herbeigeführt. Sie ist nicht durch die historische Rechtswissenschaft, sondern trotz ihrer, ihr zuwider erreicht worden. Theorie und Praxis haben sich auf einem den Lehren jener Wissenschaft schnurstracks entgegengesetzten, von ihr einst aufs stärkste verwehrten Wege zusammengefunden. Welche Ironie darin auch gegenüber der historischen Rechtswissenschaft liegen mag, so ist es doch die volle Wahrheit: erst die von jener Wissenschaft verpönte, trotzdem aber mächtig emporgekommene Gesetzgebung hat zur Beseitigung des Zwiespalts zwischen Rechtstheorie und Rechtspraxis geführt, der von der historischen Rechtswissenschaft hervorgerufen worden war, dann von ihr bitter beklagt wurde, aber aus eigener Kraft nicht wieder beseitigt werden konnte!

Wie die Praxis so hat auch die Staatsgewalt den Anweisungen der historischen Rechtswissenschaft keine Folge geleistet. Die Regierungen und Volksvertretungen haben sich nie dazu verstehen wollen, jener Theorie zuliebe von ihrem Berufe zur Gesetzgebung gehorsamst Abstand zu nehmen.

Allerdings setzte die Zersplitterung Deutschlands der vollen Entfaltung der Gesetzgebungsthätigkeit, der Schaffung eines einheitlichen deutschen Gesetzesrechts, noch lange Zeit ein unüberwindliches Hindernis entgegen. Auch mochte die Abmahnung Savigny's anfänglich, in der dem Napoleonischen Zeitalter folgenden politisch dumpfen Zeit den Regierungen mehrerer deutscher Staaten einen nicht unwillkommenen Grund gewähren, den Gang der Gesetzgebung zu verlangsamen, namentlich mit kodifikatorischen Unternehmungen noch eine Weile zurückzuhalten. Aber schon vor der Mitte des Jahrhunderts wurde die Gesetzgebungsarbeit allenthalben rüstig in Angriff genommen. Selbst eben jener große Rechtsgelehrte, der ein so starkes Verdammungsurteil gegen die Gesetzgebung erlassen hatte, nahm jetzt an ihr teil und sogar in sehr hervorragender Stellung. Er verstand sich dazu, Gesetzgebungsminister zu werden, freilich ohne daß er seinen Beruf zur Gesetzgebung ebenso glänzend, wie den zur Rechtswissenschaft bewährt hätte.

Bald thaten sich die Regierungen der deutschen Staaten zusammen, um einzelne für den Verkehr besonders wichtige Teile der Rechtsordnung gemeinschaftlich zu kodifizieren. Bis schließlich durch die Gründung des norddeutschen Bundes, bald darauf des Deutschen Reichs das lange erstrebte Ziel voll erreichbar, die einheitliche gesetzliche Neugestaltung unseres gesamten Rechts durch die Reichsverfassung für eine der hauptsächlichsten Aufgaben des neuen Reichs erklärt und vor kurzem durch das Bürgerliche Gesetzbuch zum glücklichen Abschluß gebracht worden ist. Und wie eifrig hat es sich die Reichs- wie Landesgesetzgebung angelegen sein lassen, überdies auch noch den vielen außerhalb des Kodifikationsbereichs hervortretenden Rechtsregelungsbedürfnissen durch eine unablässig strömende Flut einzelner Gesetze nachzukommen! Das Jahrhundert, in dessen Anfang der Gesetzgebung ein gläubig hingenommenes Unfähigkeitsattest ausgestellt worden war, hat mit ihrem glänzendsten Siege, mit einer so außerordentlich gesteigerten, massenhaften und vielseitigen gesetzgeberischen Thätigkeit geendigt, wie sie noch nie von einem Volke erlebt worden ist!

So oft ein neues Gesetzbuch im Anzuge war, wurden freilich regelmäßig zahlreiche Stimmen laut, welche der ängstlichsten Besorgnis Ausdruck gaben, durch das Einschreiten der Gesetzgebung, durch die Beseitigung des gemeinen Rechts werde die Rechtswissenschaft verkümmert, der echt wissenschaftliche Geist in der Praxis vollends erstickt werden. Stets aber hat es sich alsbald herausgestellt, daß diese Befürchtungen unbegründet gewesen waren.

Wir haben die frohe Erfahrung gemacht, daß die reichsrechtliche Kodifikation eines jeden Rechtsteiles einen sehr bedeutenden Aufschwung seiner theoretischen Behandlung mit sich brachte. Die Rechtswissenschaft hat durch die Gesetzgebung nicht bloß einen veränderten Gegenstand ihrer Forschungsarbeit erhalten. Sie verdankt der Gesetzgebung eine tief innerliche Erneuerung, die Erweckung zu einem regeren, gesünderen Leben. Vornehmlich deshalb, weil die gesetzliche Neugestaltung des Rechts den Anstoß dazu gegeben, ja erst die Möglichkeit geschaffen hat, daß die Praxis von lebhafterem wissenschaftlichen Geist erfüllt worden ist.

Nun endlich brauchen die praktischen Juristen der Rechtswissenschaft nicht mehr, wie ehemals, als diese ein der Praxis größtenteils fremdes Recht kultiviert hatte, den Rücken zuzukehren. Jetzt können sie sich an der theoretischen Arbeit mit voller Lust und reichem Erfolge auch selber beteiligen. Bringen sie doch hierzu eine in besonders hohem Maße geeignete, den Theoretikern nicht zur Verfügung stehende Ausstattung mit: reiche Erfahrungen im Rechtsleben, eine Fülle mannigfaltiger Experimente, welche sie mit den Rechtsvorschriften in Anwendung auf die wirkliche Gestaltung der sozialen Beziehungen anzustellen in der Lage sind. Damit ist für die Rechtswissenschaft denn doch wohl mehr gewonnen, als wenn sie sich, dem wirklichen Leben und dem wirklich geltenden Recht selbst fremd, so überwiegend, wie sie es früher gewöhnt war, in die Rechtsvergangenheit vertiefen und einen Hauptteil ihrer Bemühungen darauf verwenden wollte, die wahre Beschaffenheit des früheren Rechts aus lückenhaften und oft unzuverlässigen Überlieferungen zu erforschen, oft nur zu erraten! Wie viel neues, frisches Blut ist in den letzten Jahrzehnten bereits durch die regere Beteiligung der praktischen Juristen an der theoretischen Forschung in unsere Wissenschaft eingeströmt!

Die Beschränktheit der Arbeitskraft bringt es zwar mit sich, daß die Arbeitsaufgabe auch fernerhin regelmäßig zwischen den Juristen, die sich berufsmäßig der Rechtspraxis widmen, und denjenigen wird verteilt bleiben müssen, die sich vornehmlich mit der wissenschaftlichen Erforschung und Lehre des Rechts beschäftigen; auch für den Juristen gilt Seneca's Rat: Considerandum est, utrum natura tua agendis rebus an otioso studio contemplationique aptior sit: et eo inclinandum, quo te vis ingenii refert! Seit die Schranke gefallen ist, welche beide Teile so lange voneinander geschieden hatte, sind wir jedoch dahin gelangt, daß die Theoretiker und Praktiker, wenn auch von verschiedenen Seiten her, so doch in Verbindung miteinander, von einem Geist beseelt demselben einen Ziele, der möglichst vollkommenen Erkenntnis und Verwirklichung des unsere Rechtsordnung erfüllenden Gerechtigkeitsideals zustreben können. Nach den Erfahrungen, die wir mit dem Handels-, Wechsel-, Straf-, Prozeßrecht gemacht haben, dürfen wir zuversichtlich hoffen, daß auch die Wissenschaft des gesamten Privatrechts, befreit von ihren früheren Fesseln, dank dem Zusammenarbeiten der Praxis mit der Theorie, jenem Ziele immer kräftiger zustreben wird.

Aber wie stets, wenn das geistige Leben längere Zeit auf einem Irrwege verharrt hat und dann von ihm endlich ablenkt, es zumeist in das entgegengesetzte Extrem zu verfallen Gefahr läuft, so haben wir diese Erfahrung auch bei Gelegenheit der Wandlung zu machen, welche in der Rechtsordnung und in der Rechtswissenschaft vor sich gegangen ist.

Gegenwärtig ist nicht bloß unter den praktischen Juristen, sondern überhaupt, in allen, auch den gebildetsten Schichten des Volks wieder jene ja auch schon von Justinian und Friedrich dem Großen gehegte Neigung verbreitet, die Leistungskraft des Gesetzesrechts stark zu überschätzen. Im Vertrauen darauf, daß das Recht nunmehr durch das

Gesetzeswort vollständig klar und sicher gestellt sei, giebt man sich dem Wahne hin, die Rechtsanwendung sei von nun an der Schwierigkeiten ganz oder doch größtenteils überhoben, mit denen sie früher zu kämpfen hatte. In dem Glauben, diese hätten nur in dem Mangel fester, gesetzlicher Ausprägung der Rechtsvorschriften ihren Grund gehabt, schmeichelt man sich der Hoffnung, jetzt der Hilfe der Rechtswissenschaft nicht mehr oder doch nur in viel geringerem Maße als vordem zu bedürfen. Namentlich neigt man dahin, die große bleibende Bedeutung, welche die Erforschung der geschichtlichen Grundlagen des geltenden Rechts für dessen volles, tieferes Verständnis hat, im Gegensatz zu der Überschätzung, welche sie früher gefunden hatte, völlig zu verkennen. Schon ist ein Anlauf dazu genommen worden, dem Rechtsstudium den Grund und Boden vollwissenschaftlicher, klassischer Vorbildung zu rauben, ohne die es einer utilitarischen Verflachung und folgeweise die Rechtspraxis der Gefahr der Handwerkerei verfallen müßte. Und diese Bestrebungen lassen sich um so besorglicher an, weil ja auch auf andern Gebieten, sowohl denen der Wissenschaft wie der Kunst, eine verwandte Gesinnung aufgekommen ist, die Sucht, in Nichtachtung des reichen Schatzes von Erfahrungen und Errungenschaften früherer Zeiten, so viel wie möglich erstaunlich Neues zu erdenken, zu erfinden, zu erkünsteln.

Denen, die das neugeschaffene Recht losgelöst von seinen tief in die Vergangenheit hineinreichenden Wurzeln erfassen zu können glauben, ist wenigstens das Zeugnis nicht zu versagen, daß sie so recht im Sinne der „Jetztzeit“ denken!

Über diese ganze Denkweise habe ich mir erlaubt mich in den drei ersten meiner Briefe nicht minder wie über die Maßlosigkeit der übertrieben historisch zu Werke gehenden Rechtsgelehrsamkeit ein wenig lustig zu machen. Von jener oberflächlichen Geistesrichtung, von der dem Teufelsrate: „Verachte nur Vernunft und Wissenschaft!“ vergnüglich Folge leistenden, nur einem Nicht-Juristen verzeihlichen Gesinnung droht aber für Recht und Gerechtigkeit eine bei weitem größere Gefahr, als von dieser trotz ihrer Einseitigkeit doch von ernstem, hohem Geistesstreben, von echtem Verständnis für die edelsten Güter der Menschheit erfüllten exzessiv-historischen Rechtsgelehrsamkeit!

Vergessen wir nicht, welche Vertiefung und Klärung die Rechtserkenntnis den gründlichen rechtsgeschichtlichen Forschungen zu verdanken hat, denen sich die Rechtstheorie des letzten Jahrhunderts, wenn auch unter Vernachlässigung mancher ihrer nicht minder wichtigen, ja noch dringlicheren Vorarbeiten, mit größter Energie gewidmet hat! Bedenken wir, daß durch diese Forschungen auch erst eine der wesentlichsten Vorbedingungen geschaffen worden ist, von denen das Gelingen unserer großen Gesetzgebungswerke abhing! Mögen die Juristen, und nicht bloß diese, die erst von der historischen Rechtswissenschaft ans Licht gestellte und innig erfaßte Grundwahrheit stets tief beherzigen, daß das geltende und auch das neuzuschaffende Recht eine Schöpfung des Menschengeistes ist, die nicht bloß die neben-, sondern auch die nacheinander lebenden Menschen miteinander verbindet, und daß es den größten Teil seines Gehalts aus den Rechtserfahrungen und Rechtserrungenschaften vergangener Zeiten schöpft!

Übersehen wir dagegen auch nicht, daß die Erforschung der Rechtsvergangenheit doch nur eine der vielen Vorbedingungen ist, die zu erfüllen sind, damit die Rechtswissenschaft an ihr eigenes Werk gehen kann! Beglückwünschen wir uns, daß unsere Rechtsordnung dank dem kräftigen Eingreifen der Gesetzgebung eine Umgestaltung erfahren hat, vermöge deren die Rechtstheorie nunmehr in inniger Verbindung mit der Rechtspraxis ihren Weg nehmen und, befreit von der Engheit einer die Wichtigkeit der Geschichte für die Rechtswissenschaft stark überschätzender Jurisprudenz, endlich zu voller, allseitiger Entfaltung gelangen kann. Suchen wir unserer schwierigen und hohen Aufgabe so vollständig wie möglich nachzukommen, indem wir außer den Lehren der Geschichte auch das Viele, Wichtige, Fruchtbare, was die übrigen Gebiete menschlicher Erfahrung und Wissenschaft zur Bereicherung und Vertiefung der Rechtswissenschaft beizusteuern vermögen, besser würdigen und verwerten, als es geschehen ist, bevor die Gesetzgebung den Sieg über die historische Rechtswissenschaft davongetragen hatte!

Zeitfracht Medien GmbH
Ferdinand-Jühlke-Straße 7
99095 Erfurt, Deutschland
produktsicherheit@kolibri360.de